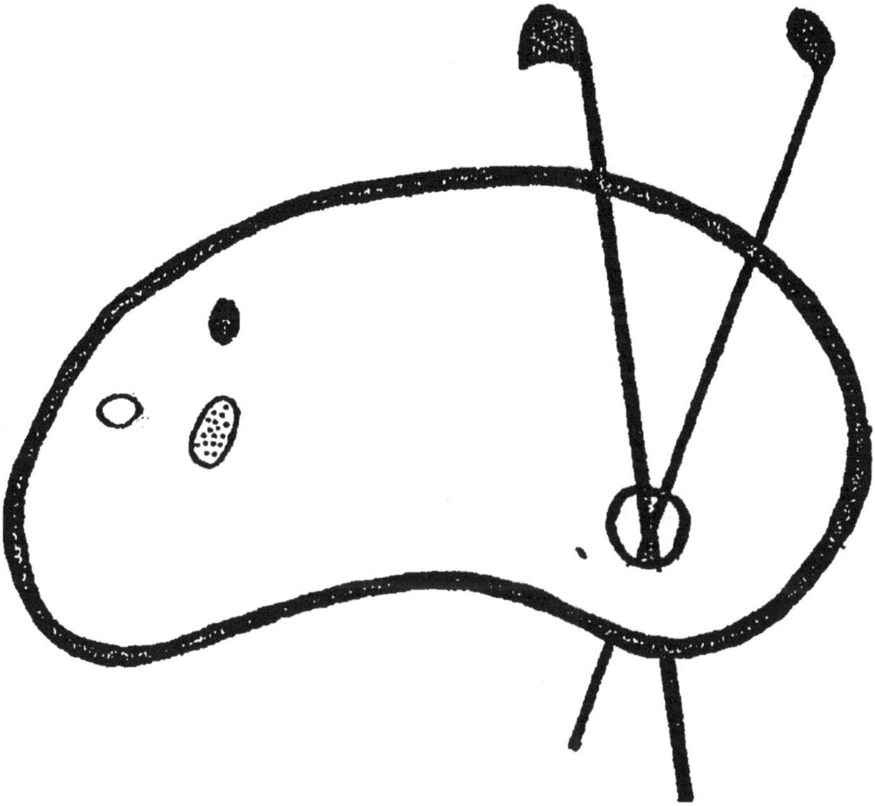

DEBUT D'UNE SERIE DE DOCUMENTS EN COULEUR

SALAIRES PRIX, PROFITS

PAR

KARL MARX

Traduction par Charles LONGUET

Deuxième édition

PARIS (5e)

M. GIARD & É. BRIÈRE

LIBRAIRES-ÉDITEURS

16, RUE SOUFFLOT ET 12, RUE TOULLIER

1912

SALAIRES
PRIX, PROFITS

SALAIRES
PRIX, PROFITS

PAR

KARL MARX

Traduction par Charles LONGUET

Deuxième édition

PARIS (5e)

M. GIARD & É. BRIÈRE

LIBRAIRES-ÉDITEURS

16, RUE SOUFFLOT ET 12, RUE TOULLIER

1912

SALAIRES
PRIX, PROFITS [1]

Citoyens,

Avant d'aborder mon sujet, permettez-moi de vous présenter quelques observations préliminaires.

Il règne en ce moment parmi les nations continentales une véritable épidémie de grèves, et l'on y réclame à grands cris une augmentation des salaires. La question sera soulevée à notre prochain Congrès. Les membres du Conseil général de l'Association internationale

---

[1] Ce travail a été écrit en anglais et lu devant le Conseil général de l'Association internationale des travailleurs le 20 juin 1865, quelque temps avant son premier Congrès, tenu à Genève au mois de septembre 1866. Le premier volume du *Capital* ne parut en allemand qu'au mois de juillet 1867. La réplique de Marx à la thèse soutenue par son collègue anglais Weston, membre et trésorier du même Conseil général de l'Internationale, constitue donc, en quelque sorte, un abrégé du *Capital* « avant la lettre ». D'autre part, on verra qu'elle traite aussi certains points à peine indiqués dans le premier volume et qui n'ont été approfondis que dans les livres suivants.

Ch. L.

doivent avoir une opinion faite sur cette question primordiale. Aussi me suis-je fait un devoir, pour ma part, de traiter à fond le sujet, même au risque de mettre votre patience à l'épreuve.

Je dois faire une autre remarque préliminaire, qui concerne le citoyen Weston. Il a non seulement exposé devant vous, mais soutenu en public, dans ce qu'il croit être l'intérêt de la classe ouvrière, des opinions qui sont, il le sait bien, les plus antipathiques à la classe ouvrière elle-même. C'était faire montre d'un courage moral que nous devons tous hautement honorer. J'espère que, malgré le style sans fard de mon travail, ma conclusion le convaincra que j'admets ce qui me paraît être l'idée juste cachée au fond de sa thèse, que toutefois, dans sa forme présente, je dois considérer comme fausse en théorie et dangereuse en pratique.

Ceci dit, j'aborde ma tâche.

I

PRODUIT NATIONAL ET PART DU SALAIRE

L'argumentation du citoyen Weston reposait, en réalité, sur ces deux propositions : 1° la *somme de la production nationale* est une chose *fixe*, une quantité ou, comme disent les mathématiciens, une grandeur *constante*; 2° la *somme des salaires réels*, c'est-à-dire des salaires mesurés par la quantité de marchandises qu'ils peuvent acheter, est une somme *fixe*, une grandeur *constante*.

La première affirmation est une erreur évidente. D'année en année vous voyez s'accroître la valeur et la masse de la production, en même temps que les forces productives du travail national et la somme d'argent nécessaire pour faire circuler cette production croissante changent continuellement. Ce qui est vrai à la fin de l'année, et pour différentes années comparées l'une avec l'autre, est vrai pour chaque journée moyenne de l'année. La somme, la grandeur de la production nationale change continuellement. Ce n'est pas une grandeur *constante*, mais bien une grandeur *variable* et, en dehors des variations dans le chiffre de la population, il doit en être ainsi à cause du changement continuel dans l'*accumulation du capital* et dans les *forces productrices du travail*. Il est bien vrai que si une *hausse du taux général des salaires* survenait aujourd'hui, cette hausse, quels qu'en fussent les effets ultérieurs, *par elle-même* ne changerait pas *immédiatement* la somme de la production. Elle partirait, en premier lieu, de l'état de choses existant. Mais si, *avant* la hausse des salaires, la production nationale est *variable*, et non *fixe*, elle continuera à être variable, et non fixe *après* la hausse des salaires.

Mais supposons que la somme de la production nationale soit *constante* au lieu d'être *variable*. Même alors, ce que notre ami Weston regarde comme une conclusion logique resterait encore une affirmation gratuite. Si j'ai un nombre donné, mettons huit, les limites absolues de ce nombre n'empêchent pas ses parties de changer leurs limites *relatives*. Si les profits étaient six et les salaires deux, les salaires pourraient s'élever à six, les profits descendre à deux et la somme totale rester huit. Ainsi la fixité de la somme de la production ne prouverait nullement la fixité de la somme des salaires. Comment donc notre ami Weston prouve-t-il cette fixité? En l'affirmant.

Mais même si on la lui concédait, cette affirmation

serait à double tranchant, tandis qu'il ne la fait agir que dans un sens. En effet, si la somme des salaires est une grandeur constante, alors elle ne peut être ni augmentée ni diminuée. Si donc, en amenant une hausse passagère des salaires, les ouvriers font une folie, les capitalistes, en amenant une baisse passagère des salaires, n'en feraient pas une moins grande. Notre ami Weston ne nie pas que dans certaines circonstances les ouvriers *puissent* amener une hausse forcée des salaires ; seulement, d'après lui, la somme de ces salaires étant naturellement fixe, il devra se produire une réaction. D'un autre côté, il sait aussi que les capitalistes *peuvent* amener une baisse forcée des salaires et que, en fait, ils essayent continuellement de l'amener. En vertu du principe de la fixité des salaires, une réaction doit se produire dans ce second cas non moins que dans le premier. Les ouvriers, par conséquent, auraient raison de réagir contre la tentative ou le fait d'abaisser les salaires. Donc ils auraient également raison d'amener une *hausse des salaires*, car toute *réaction* contre la baisse des salaires est une *action* pour les relever. Ainsi, en vertu du principe de la *fixité des salaires*, soutenu par le citoyen Weston, les ouvriers devraient, dans certaines circonstances, se coaliser et lutter pour une augmentation de salaires.

S'il le nie, il faut qu'il renonce à la proposition dont cette conclusion découle. Qu'il n'aille pas dire que la somme des salaires est une *quantité constante*, mais que tout en ne pouvant pas et ne devant pas *augmenter*, elle peut et doit *diminuer* toutes les fois que cela plaira au Capital. S'il plaît au capitaliste de vous nourrir de pommes de terre au lieu de viande, et de bouillie d'avoine au lieu de pain blanc, il vous faut prendre sa volonté pour une loi de l'économie politique et vous y soumettre. Si dans un pays le taux des salaires est plus élevé que dans un autre, aux États-Unis, par exemple, plus élevé qu'en Angleterre, il faudra expliquer cette différence dans le taux des salaires par une différence entre la volonté du capitaliste américain et la volonté du capitaliste anglais. Voilà une méthode qui certes simplifierait grandement l'étude non seulement des phénomènes économiques, mais de tous les autres phénomènes.

Et même dans ce cas-là, nous pourrions demander *pourquoi* la volonté du capitaliste américain diffère de la volonté du capitaliste anglais, et, pour répondre à la question, il faudrait sortir du domaine de la *volonté*. Une personne peut me dire que Dieu veut une chose en France et une chose différente en Angleterre. Si je la mets en demeure d'expliquer cette dualité de la volonté divine, elle aura peut-être le front de me répondre que Dieu veut avoir une volonté en France et une autre volonté en Angleterre. Mais notre ami Weston est assurément le dernier homme capable de se faire un argument d'une si complète négation de tout raisonnement.

La *volonté* du capitaliste est certainement de prendre le plus possible. Ce que nous avons à faire ce n'est pas de disserter sur son *vouloir*, mais de nous enquérir de son *pouvoir*, de rechercher les *limites de ce pouvoir* et le *caractère de ces limites*.

II

INFLUENCE DES VARIATIONS DU SALAIRE SUR LA QUANTITÉ
ET LE GENRE DES PRODUITS

L'écrit que nous a lu le citoyen Weston aurait pu tenir, pour employer la locution anglaise, « dans une coque de noix ».

Toute son argumentation revenait à ceci : si la classe ouvrière force la classe capitaliste à débourser cinq schellings au lieu de quatre, sous forme de salaire en argent, le capitaliste donnera, sous forme de marchandises, une valeur de quatre schellings au lieu d'une valeur de cinq. La classe ouvrière aurait à payer cinq schellings l'article ou la denrée que, avant la hausse des salaires, elle achetait quatre schellings. Mais pourquoi en est-il ainsi ? Pourquoi le capitaliste ne donne t-il que quatre schellings de marchandises pour cinq schellings d'argent ? Parce que la somme des salaires est fixe. Mais pourquoi est-elle fixée à quatre schellings de marchandises ? Pourquoi pas à trois, à deux, ou à toute autre somme d'argent ? Si la limite de la somme des salaires est déterminée par une loi économique, indépendante également de la volonté du capitaliste et de la volonté de l'ouvrier, la première chose que le citoyen Weston avait à faire c'était de formuler cette loi, et la seconde c'était de la prouver. Puis il devait en outre prouver que la somme des salaires effectivement payés à chaque moment donné correspond toujours exactement à la somme nécessaire des salaires et ne s'en écarte jamais. Si, d'autre part, la limite donnée de la somme des salaires est fondée sur la *simple volonté* du capitaliste ou sur les bornes de son avarice, c'est là une limite arbitraire. Elle n'a rien de nécessaire. Elle peut être changée *par* la volonté du capitaliste et peut aussi, par conséquent, être changée *contre* sa volonté.

A l'appui de sa théorie et pour la rendre claire, le citoyen Weston nous a fait une comparaison : Quand une soupière, nous a-t-il dit, contient une certaine quantité de soupe destinée à un certain nombre de personnes, une augmentation de la grandeur des cuillères n'amènera aucune augmentation de la quantité de soupe. Il me permettra de lui dire que sa soupière cloche. Sa comparaison m'a rappelé celle du Romain Menenius Agrippa. Quand les plébéiens de Rome se mirent en grève contre les patriciens, le patricien Agrippa raconta aux grévistes que le ventre patricien nourrissait les membres plébéiens du corps politique. Agrippa négligeait de montrer comment on peut nourrir les membres d'un homme en remplissant le ventre d'un autre. Le citoyen Weston, de son côté, a oublié que la soupière où les ouvriers trouvent leur nourriture est remplie avec le produit entier du travail national, et que ce qui les empêche d'y prendre davantage, ce n'est ni l'étroitesse du contenant ni l'insuffisance du contenu, mais uniquement la petitesse de leurs cuillères.

Quel est le procédé employé par le capitaliste pour ne donner que quatre schellings contre cinq? Il augmente le prix de la marchandise qu'il vend. Mais est-ce qu'une augmentation, et plus généralement un changement de prix des marchandises, est-ce que les prix mêmes des marchandises dépendent de la simple volonté du capitaliste? Ne faut-il pas au contraire certaines circonstances pour que cette volonté se réalise? S'il n'en est pas ainsi, les mouvements de hausse et de baisse du marché, les fluctuations incessantes des prix courants deviennent une énigme insoluble.

Puisque nous supposons qu'aucun changement n'est survenu ni dans la quantité du capital ou du travail employés, ni dans la valeur de l'argent par lequel les valeurs des produits sont estimées, mais qu'il n'y a eu de *changement que dans le taux des salaires*, comment cette hausse des salaires pourrait-elle influer sur les *prix des marchandises*? Uniquement en influant sur la proportion existant entre la demande et l'offre de ces marchandises.

Il est parfaitement vrai que, prise en masse, la classe

ouvrière dépense, et doit forcément dépenser, son revenu en articles de première nécessité. Une hausse générale du taux des salaires occasionnerait donc une augmentation de la demande et, par conséquent, une hausse du *prix courant de ces articles*. Les capitalistes qui produisent ces objets de première nécessité, par la hausse des prix courants de leurs marchandises se rembourseraient de la hausse des salaires. Oui, mais les autres capitalistes, ceux *qui ne produisent pas* les articles de première nécessité?... Et ne vous figurez pas qu'elle soit peu nombreuse, cette catégorie de capitalistes. Si vous réfléchissez que les deux tiers de la production nationale sont consommés par le cinquième de la population, — un membre de la Chambre des Communes a dit dernièrement par le septième, — vous comprendrez que la production nationale doit se composer, dans une immense proportion, d'objets de luxe ou de produits *échangés* contre des objets de luxe, et aussi qu'une énorme quantité d'objets de première nécessité mêmes doit être gaspillée à l'entretien de la valetaille, des chevaux, des chats et ainsi de suite. Ce gaspillage, nous le savons par expérience, diminue et devient toujours très limité quand s'élèvent les prix des articles de première nécessité.

Voyons donc quelle serait la situation des capitalistes *qui ne produisent pas* ces articles. A la *baisse du taux des profits*, qui aurait suivi la hausse générale des salaires, ils ne trouveraient aucune compensation. Ils ne pourraient *élever le prix de leurs marchandises*, puisque la demande de ces marchandises n'aurait pas augmenté.

Leur revenu aurait diminué, et, sur ce revenu moindre, ils auraient à prendre davantage pour se procurer la même quantité d'objets de première nécessité haussés de prix. Mais ce ne serait pas tout. Leur revenu étant diminué, ils auraient moins à dépenser en objets de luxe, et, par conséquent, il y aurait une diminution dans la demande réciproque de leurs marchandises respectives. Cette diminution de la demande amènerait une baisse des prix de leurs marchandises. Donc, dans ces branches d'industrie, le *taux des profits baisserait*, non pas simplement en proportion de la hausse générale du taux des salaires, mais bien en raison composée de : *a*) la hausse générale des salaires, *b*) la hausse du prix des articles de première nécessité, *c*) la baisse du prix des articles de luxe.

Quelle serait la conséquence de cette *différence dans le taux des profits* pour les capitaux employés dans les différentes branches d'industrie? La conséquence qui domine généralement toutes les fois que, pour une raison quelconque, le *taux moyen des profits* vient à différer dans différentes sphères de production. Capital et travail se déplaceraient; ils quitteraient les branches d'industrie moins rémunératrices pour celles qui le seraient davantage, et ce mouvement ne s'arrêterait que quand, dans une branche d'industrie, l'offre aurait augmenté proportionnellement à l'augmentation de la demande, et quand, dans les autres branches, l'offre serait tombée au niveau de la demande diminuée. Une fois ce changement effectué, le taux général des profits *s'égaliserait* de nouveau dans les différentes branches. Comme tout ce dérangement provenait à l'origine d'un simple changement dans la proportion de la demande et de l'offre des différentes marchandises, la cause cessant, l'effet cesserait, et les *prix* reviendraient à leur ancien niveau, ils reprendraient leur équilibre. Au lieu d'être limitée à quelques branches d'industrie, la *baisse du taux des profits*, suite de la hausse des salaires, serait devenue générale. Conformément à notre supposition, il ne serait survenu aucun changement dans les forces productives du travail ni dans la masse totale de la production, mais cette masse, *cette somme donnée de la production aurait changé de forme.* Une plus grande partie du produit existerait sous la forme d'objets de première nécessité, une partie moindre sous la forme d'objets de luxe, ou ce qui revient au même, une partie moindre s'échangerait contre des objets de luxe importés du dehors, elle serait consommée dans sa forme originelle ; ou, ce qui revient encore au même, une plus grande partie du produit indigène s'échangerait contre des objets de première nécessité importés, au lieu de s'échanger contre des objets de luxe. Ainsi la hausse générale du taux des salaires, après une perturbation temporaire des prix courants, n'aurait d'autre résultat que la baisse générale du taux des profits, sans amener aucun changement permanent dans les prix des marchandises.

Si l'on m'objecte que, dans l'argumentation précédente, je tiens pour établi que la totalité du salaire additionnel est employée à l'achat d'objets de première nécessité, je répondrai que j'ai fait la supposition la

plus favorable à l'opinion du citoyen Weston. Si les salaires additionnels étaient employés à l'achat d'articles
ne figurant pas auparavant dans la consommation des
ouvriers, il n'y aurait pas besoin de prouver autrement
que la puissance d'achat de ceux-ci s'est accrue. Toutefois, provenant uniquement d'une élévation de salaires, cette augmentation de la puissance d'achat des
ouvriers doit correspondre exactement à la diminution
de la puissance d'achat des capitalistes. La *masse de la
demande* des marchandises n'augmenterait donc pas,
mais ce qui changerait, ce seraient les *parties constituantes* de cette masse. La demande croissante d'un
côté serait contrebalancée par la demande décroissante
de l'autre. Ainsi, la masse de la demande restant sta-
tionnaire, aucun changement ne pourrait se produire
dans les prix courants des marchandises.

On aboutit donc à ce dilemme : ou les salaires additionnels sont employés également à l'achat de tous les
objets de consommation — et alors l'élargissement de
la demande du côté de la classe ouvrière doit être com-
pensée par le rétrécissement de la demande du côté de
la classe capitaliste, — ou les salaires additionnels sont
employés uniquement à l'achat de quelques articles,
dont les prix courants monteront pour un temps. Alors
la hausse du taux des profits dans quelques branches
d'industrie, et la baisse du taux des profits dans d'autres branches qui en sera la conséquence, produiront
un changement dans la distribution du capital et du
travail, et ce mouvement continuera jusqu'à ce que
l'offre ait atteint le niveau de la demande augmentée

dans une branche d'industrie, et qu'elle soit descendue au niveau de la demande diminuée dàns les autres branches. Dans une hypothèse, il ne surviendra pas de changement dans le prix des marchandises ; dans l'autre, après quelques fluctuations des prix courants, les valeurs d'échange des marchandises redescendront à leur niveau antérieur. Dans les deux hypothèses, la hausse générale du taux des salaires n'aboutira, en fin de compte, à rien autre chose qu'à une baisse générale dans le taux des profits.

Pour mettre en jeu vos facultés imaginatives, le citoyen Weston vous a adjurés de penser aux embarras qui vous assailliraient si tous les salaires agricoles, en Angleterre, venaient à monter de neuf schellings à dix-huit. « Songez, s'est-il écrié, à l'énorme augmentation qui se produirait dans la demande des denrées de première nécessité et à l'effrayante augmentation de leurs prix qui en serait la conséquence ! » Or, vous savez tous que le salaire moyen du travailleur agricole de l'Amérique s'élève à plus du double de celui du travailleur agricole de l'Angleterre, bien que les prix des produits agricoles soient plus bas aux États-Unis que dans le Royaume-Uni, bien que les rapports généraux du capital et du travail soient les mêmes aux États-Unis qu'en Angleterre, et bien que la somme annuelle de la production soit beaucoup plus faible aux États-Unis qu'en Angleterre. Pourquoi donc notre ami sonne-t-il ainsi l'alarme ? Tout simplement pour déplacer la véritable question que nous avons à examiner. Une hausse qui ferait subitement monter les salaires de neuf schel-

lings à dix-huit serait une hausse subite de cent pour
cent. Or, nous ne discutons pas du tout la question de
savoir si le taux général des salaires en Angleterre
pourrait tout à coup monter de cent pour cent. Nous
n'avons nullement à nous occuper de la *grandeur* de
la hausse, laquelle pratiquement doit dans chaque cas
particulier dépendre de circonstances données et s'y
accommoder. Nous avons seulement à rechercher quelle
sera l'action d'une hausse générale dans le taux des
salaires, cette hausse ne fût-elle que d'un pour cent.

Laissant donc de côté l'ami Weston et sa hausse
fantastique de cent pour cent, je me propose d'appeler
votre attention sur la hausse réelle des salaires qui a
eu lieu de 1849 à 1859 dans la Grande-Bretagne.

Vous connaissez tous le bill des dix heures, ou plus
exactement des dix heures et demie, introduit dans la
législation anglaise après 1848. Il constitue un des
plus grands changements économiques dont nous ayons
été témoins. Ce fut une hausse des salaires subite et
forcée, non dans quelques professions et quelques lo-
calités, mais dans toutes les grandes industries qui
ont établi la suprématie de l'Angleterre sur les marchés du monde entier. Ce fut une hausse des salaires
en des circonstances singulièrement défavorables. Le
D' Ure, le professeur Senior et tous les autres économistes officiels, oracles de la bourgeoisie, *démontrèrent,*
et, je dois le dire, en se fondant sur des motifs bien
plus forts que ceux de notre ami Weston, que la loi
nouvelle allait sonner le glas de l'industrie anglaise.
Ils démontrèrent qu'elle n'équivalait pas simplement à

une hausse des salaires, mais bien à une hausse des salaires ayant pour point de départ une diminution de la
quantité de travail fournie, et basée sur cette diminution. Ils affirmèrent que la douzième heure, dont on
voulait priver le capitaliste, était précisément cette
heure, la seule, l'unique, dont il tirait son profit. Ils
nous menacèrent des plus terribles conséquences : diminution de l'accumulation, hausse des prix, perte
des marchés, amoindrissement de la production, réaction inévitable sur les salaires, ruine finale. En fait,
ils déclaraient que le maximum décrété par Robes-
pierre était une loi fort anodine en comparaison de
celle-là ; et, en un certain sens, ils n'avaient pas tort.
Eh bien ! quel fut le résultat de la mesure ? Une hausse
du salaire en argent des ouvriers de fabrique, et malgré
le raccourcissement de la journée de travail, un grand
accroissement du nombre des bras employés dans les
fabriques, une baisse ininterrompue des prix de leurs
produits, un développement merveilleux des forces
productives de leur travail, une extension progressive
inouïe des marchés ouverts à leurs marchandises.

A Manchester, en 1860, lors de la réunion de la Société pour l'avancement des sciences, j'ai moi-même
entendu M. Newmann avouer, que lui, le Dr Ure, Senior et tous les autres interprètes officiels de la science
économique, s'étaient trompés, tandis que l'instinct du
peuple avait vu juste. Je cite M. W. Newman, non
le professeur Francis Newmann, parce qu'il occupe un
rang élevé dans la science économique, comme collabo-
rateur et éditeur de l'*Histoire des Prix* de M. Thomas

Tooke, ce magnifique ouvrage qui suit pas à pas l'histoire des prix depuis 1793 jusqu'à 1856. Si l'idée fixe de notre ami Weston, somme fixe des salaires, somme fixe de la production, degré fixe de la productivité du travail, volonté fixe et permanente des capitalistes, si toutes ses autres fixités et finalités étaient correctes, les funèbres prédictions du professeur Senior auraient été justifiées ; Robert Owen se serait trompé, lui qui, dès 1816, déclarait bien haut qu'une réduction générale de la journée de travail était le premier pas pour préparer l'émancipation de la classe ouvrière, lui qui, au nez et à la barbe du préjugé régnant, osait prendre l'initiative de cette réduction, à ses risques et périls, dans sa propre fabrique de New-Lanark.

Pendant cette même période où se produisit, avec l'adoption de la loi des dix heures, la hausse des salaires qui en résulta, il y eut dans la Grande-Bretagne, pour des raisons qu'il serait hors de propos d'énumérer, une *hausse générale des salaires agricoles.*

Ici je vous présenterai quelques observations préliminaires, que n'exige point, à vrai dire, l'objet immédiat de ma démonstration, mais qui vous garderont de toute conclusion erronée,

Si le salaire d'un ouvrier gagnant deux schellings par semaine montait à quatre schellings, le taux du salaire aurait monté de 100 0/0. Exprimée comme hausse dans le taux des salaires, une telle augmentation paraîtrait magnifique, et cependant la somme réelle du salaire reçu n'en serait pas moins restée pitoyable, de quoi mourir de faim. Ne vous laissez donc jamais étourdir par la fanfare du tant pour cent dans le taux des salaires. Demandez toujours quel était le salaire avant la hausse.

En outre vous comprendrez que s'il y avait dix ouvriers payés chacun 2 schellings, cinq payés 5 schellings, et cinq payés 11 schellings la semaine, les vingt ouvriers réunis recevraient 100 schellings, soit 5 livres sterling, par semaine. Si alors il se produisait une hausse, mettons de 20 0/0, sur la masse totale de leurs salaires hebdomadaires, de 5 livres sterling cette masse passerait à 6. Prenant la moyenne, nous pourrions dire que le *taux général des salaires* s'est élevé de 25 0/0, quoique en réalité les salaires de dix ouvriers fussent restés stationnaires, que les salaires du premier groupe de cinq ouvriers ne se fussent élevés que de 5 schellings à 6, tandis que ceux du second groupe de cinq ouvriers s'élevaient de 55 schellings à 72. Pour une moitié des ouvriers la situation ne se serait nullement améliorée, pour un quart elle se serait améliorée imperceptiblement, et enfin un quart d'entre eux seulement auraient réellement bénéficié de la hausse. Cependant, à calculer d'après la moyenne, la somme totale des salaires de ces vingt ouvriers aurait augmenté de 25 0/0, et en ce qui concerne la masse du capital qui les emploie et les prix des marchandises qu'ils produisent, ce serait exactement la même chose que s'ils avaient tous reçu part égale dans la hausse moyenne des salaires. Dans le cas du travail agricole, l'étalon des salaires étant loin d'être le même dans les différents comtés de l'Angleterre et de l'Écosse, la hausse les affecta d'une manière fort inégale.

Enfin, la période où se produisit cette hausse des salaires, vit diverses influences en contrecarrer les effets : l'établissement de nouveaux impôts à la suite de la guerre de Crimée, la démolition d'une partie considérable des habitations occupées par les travailleurs agricoles, et ainsi de suite.

Ces réserves faites, je dirai que de 1849 à 1859 il se produisit une hausse d'environ 40 0/0 dans le taux moyen des salaires agricoles de la Grande Bretagne. Je pourrais vous fournir d'amples détails à l'appui de mon assertion, mais il suffira, je crois, pour l'objet du présent débat, de vous renvoyer au travail critique, si consciencieux, lu par M. John Morton, en 1860, à la Société des Arts et Métiers de Londres, sur « les forces employées dans l'agriculture ». L'auteur a établi ses statistiques à l'aide de comptes et d'autres documents authentiques, qu'il avait recueillis auprès d'une centaine de fermiers, résidant dans douze comtés d'Ecosse et trente-cinq comtés d'Angleterre.

D'après l'opinion de notre ami Weston, et rapprochée de la hausse simultanée dans les salaires des diverses fabriques, la hausse des salaires agricoles devait entraîner une augmentation effrayante du prix des productions agricoles, pendant la période comprise entre 1849 et 1859. En fut-il ainsi ? Loin de là, en dépit de la guerre de Crimée et de mauvaises récoltes successives de 1854 à 1856, le prix moyen du blé, le principal produit agricole de l'Angleterre, tomba du prix d'environ 3 livres sterling le quarter, pour les années 1838 à 1848, à environ 2 l. st. 10 sch. le quarter (1), pour les années 1849 à 1859. Cela constitue, dans le prix du blé, une baisse de plus de 16 0/0, simultanée avec une hausse moyenne des salaires agricoles de 40 0/0.

Pendant la même période, si nous en comparons la fin avec le commencement, 1859 avec 1849, il y eut dans les chiffres du paupérisme officiel une diminution qui les fit descendre de 934,419 assistés à 860,470 — une différence de 73,949 ; faible diminution, je l'accorde, et qui fut reperdue les années suivantes, mais pourtant une diminution.

On pourrait dire que, à la suite de l'abolition des lois sur les céréales, l'importation des grains étrangers fit plus que doubler, pendant la période comprise entre 1849 et 1859 comparée avec la période de 1838 à 1848. Et puis ? En se plaçant au point de vue du citoyen Weston, on se serait attendu à voir cette demande subite, immense et toujours croissante, de denrées étrangères faire monter à une hauteur effrayante les prix des produits agricoles, l'effet de l'augmentation de la demande étant toujours le même, qu'il vienne de l'extérieur ou de l'intérieur. Qu'arriva-t-il ? A part quelques années de mauvaises récoltes, pendant cette pé-

---

(1) Le *quarter* vaut 8 boisseaux (anglais), c'est-à-dire près de 3 hectolitres (exactement 2 hectolitres 9 décatitres plus une fraction).

riode la baisse désastreuse du prix des céréales forma
en France un sujet courant de déclamation; les Améri-
cains, eux, furent à plusieurs reprises obligés de brûler
leur excès de production, et la Russie, s'il en fallait
croire M. Urquhart, aurait fomenté la guerre de la
Sécession parce que la concurrence américaine écra-
sait ses productions agricoles sur les marchés euro-
péens (1).

Réduit à sa forme abstraite l'argument du citoyen
Weston reviendrait à ceci : Toute hausse dans la demande se produit toujours sur la base d'une quantité
donnée de production. Elle ne peut donc *jamais augmenter l'offre des articles demandés*, mais ne peut que
relever leur prix en argent. Or, la plus simple observation montre qu'en certains cas, une demande plus
grande ne fait point varier les prix des marchandises,

---

(1) David Urquhart, publiciste anglais, indépendant et
vigoureux, mais dont l'originalité frisa souvent l'excentricité.
A propos d'une citation de lui dans le premier volume du
Capital (chap. xv. section 10), Marx dit : « Ce passage montre
à la fois la force et la faiblesse de ce genre de critique qui
sait juger et condamner le présent mais non le comprendre ».

Urquhart, en politique étrangère, était à ce point turco-
phile qu'il s'occupa d'introduire et de généraliser en Angleterre la pratique du bain turc. D'ailleurs très au courant
des intrigues diplomatiques, il finit par voir dans tous les
événements contemporains l'action mystérieuse et diaboli-
que de la Chancellerie moscovite. C'est ainsi que, malgré
les excellents rapports qu'il avait eus avec Marx, il en ar-
riva, en 1871, à trouver dans l'Internationale et la Commune de Paris la main criminelle du tsarisme !

Cʜ. L.

et que, dans d'autres cas, elle détermine une hausse passagère des prix courants, suivie d'une offre plus grande, qui est elle même suivie d'un retour des prix à leur niveau primitif et qui, dans bien des cas, les abaisse même *au-dessous* de ce niveau. Que l'accroissement de la demande soit l'effet des salaires additionnels ou de toute autre cause, cela ne change rien aux conditions du problème. Au point de vue où s'est placé le citoyen Weston, le phénomène général était aussi difficile à expliquer que le phénomène se présentant dans les circonstances exceptionnelles d'une hausse des salaires. Son argument n'avait donc point de rapport particulier d'aucun genre avec le sujet que nous traitons. Il exprimait seulement la perplexité de son esprit, forcé de s'expliquer les lois selon lesquelles un accroissement de la demande produit un accroissement de l'offre, au lieu d'aboutir à la hausse des prix courants.

III

MOUVEMENT DES SALAIRES ET DE L'ARGENT

Le second jour du débat, notre ami Weston a revêtu ses vieilles assertions de formes nouvelles. Il nous a dit : « A la suite d'une hausse générale des salaires en argent, il faudra plus de monnaie pour payer le même salaire. La monnaie en circulation étant en quantité *fixe*, comment payer avec cette monnaie fixe des salaires en argent qui ont augmenté ? » Au commencement l'embarras venait de la quantité fixe des marchandises revenant à l'ouvrier, malgré l'augmentation de son salaire en argent ; maintenant l'embarras c'est l'augmentation du salaire en argent, malgré la quantité fixe des marchandises. Il va sans dire que si vous rejetez le dogme primitif, le second grief disparaîtra du même coup.

Quoiqu'il en soit, je vais montrer que cette question

de la monnaie en circulation est absolument étrangère au sujet que nous discutons.

Dans votre pays le mécanisme des moyens de payement est bien plus perfectionné qu'en aucun autre pays d'Europe. Grâce à l'étendue et à la concentration de votre système de banques, il faut beaucoup moins de monnaie pour faire circuler la même quantité de valeurs et pour opérer une somme d'affaires égale ou supérieure. Par exemple, en ce qui concerne les salaires, l'ouvrier de fabrique anglais verse à la fin de la semaine son salaire au boutiquier, lequel l'envoie chaque semaine au banquier, lequel le transmet au fabricant, lequel s'en sert de nouveau pour payer ses ouvriers et ainsi de suite. Par ce procédé un salaire annuel, mettons de 52 livres sterling, peut être payé avec une seule pièce d'un souverain, tournant toutes les semaines dans le même cercle. Le mécanisme est encore moins parfait en Angleterre qu'en Écosse, et il ne l'est pas également partout ; ainsi nous trouvons par exemple que dans quelques districts agricoles, comparés aux districts purement manufacturiers, il y a besoin d'une bien plus grande quantité de monnaie pour faire circuler une bien moindre quantité de valeurs.

Passez la Manche et vous trouverez qu'en Allemagne, en Italie, en Suisse et en France, les salaires sont bien plus bas qu'en Angleterre, mais que leur circulation absorbe une bien plus grande quantité de monnaie. La même pièce d'or n'y sera pas si vite interceptée par le banquier ou renvoyée au capitaliste industriel, et par conséquent, au lieu d'un souverain

mettant en circulation 52 livres sterling annuellement,
il y aura besoin peut-être de trois souverains pour
faire circuler 25 livres sterling de salaires annuels.
Ainsi en comparant les pays continentaux à l'Angleterre, vous verrez tout de suite que de faibles salaires
en argent peuvent exiger pour leur circulation une
quantité de numéraire bien plus grande que de hauts
salaires en argent, et que ce n'est là, en fait, qu'un
point purement technique tout à fait étranger à notre
sujet.

D'après les calculs les plus sûrs, à ma connaissance,
on peut estimer le revenu annuel de la classe ouvrière
de ce pays-ci à 250,000,000 l. st. La quantité de numéraire nécessaire à la circulation de cette somme énorme
est d'environ trois millions de livres sterling. Supposons une hausse de cinquante pour cent dans les salaires. Alors, au lieu de trois millions de numéraire, il en
faudrait quatre millions et demi. Une très grande partie
des dépenses journalières de l'ouvrier se payant en
pièces d'argent et de cuivre, — c'est-à-dire en simples,
signes représentatifs, dont la valeur par rapport à celle
de l'or est arbitrairement fixée par la loi, comme celle
de la monnaie de papier à cours forcé, — une hausse
de cinquante pour cent dans les salaires en argent exi-
gerait, dans le cas le plus excessif, une circulatiou additionnelle, mettons d'un million. Un million, actuel-
lement dormant sous forme de lingots ou d'espèces mon-
nayées dans les caves de la Banque d'Angleterre ou des
banques particulières, serait jeté dans la circulation.
Mais même la légère dépense qu'entraînerait le mon-

nayage où l'usure supplémentaires de ce million pourrait être évitée, et elle le serait en effet si le besoin d'un
supplément de numéraire occasionnait la moindre
gêne. Vous savez tous que la monnaie en circulation de
ce pays se partage en deux grandes divisions. L'une,
composée de billets de banque de diverses catégories,
sert aux transactions des commerçants entre eux, et
aussi aux paiements les plus importants des consommateurs aux commerçants : l'autre, les espèces métalliques, circule dans le commerce de détail. Bien que
distinctes, ces deux catégories de monnaie s'entremê-
lent. Ainsi, la monnaie d'or sert dans une forte proportion, même à de gros paiements, pour toutes les
sommes inférieures à 5 livres sterling. Si demain, la
Banque émettait des billets de 4 livres sterling ou de
3 livres sterling ou de 2 livres sterling, l'or immédiatement chassé de ces canaux de circulation refluerait
dans ceux-là où il serait appelé par la hausse des salaires en argent. Ainsi le million supplémentaire qu'exi-
gerait une augmentation de cinquante pour cent dans
les salaires serait disponible, sans qu'on eût frappé une
seule pièce de plus. On obtiendrait le même résultat,
sans émettre un seul billet de banque de plus, en augmentant la circulation des effets de commerce, comme
cela se fit pendant très longtemps dans le comté de
Lancaster

Si une hausse générale dans le taux des salaires, de
cent pour cent par exemple, comme le citoyen Weston
l'a supposée dans les salaires agricoles, produisait une
forte hausse dans les prix des choses de premières néces-

sité, et si, conformément à sa manière de voir, cela exi-
geait une quantité supplémentaire de monnaie impossible à trouver, une *baisse générale des salaires* devra
produire le même effet, sur une aussi grande échelle,
dans le sens opposé. Eh bien ! Vous savez tous que de
1858 à 1860, l'industrie cotonnière traversa les années
les plus prospères et que particuliérement l'année
1860 est, à cet égard, sans parallèle dans les annales
du commerce ; vous savez aussi que, à la même époque, toutes les autres industries étaient extrêmement
florissantes. Les salaires des cotonniers et ceux de tous
les autres ouvriers se rattachant à cette branche d'industrie étaient en 1860 plus élevés qu'ils ne l'avaient
jamais été. Survint la crise américaine et ces salaires,
pris en masse, furent tout à coup réduits à environ le
quart de leur somme antérieure. Cela aurait fait dans le
sens opposé une hausse de 400 pour cent. En effet si les
salaires montent de cinq à vingt, nous disons qu'ils ont
monté de 400 pour cent, s'ils tombent de vingt à cinq,
nous disons qu'ils ont baissé de 75 pour cent ; mais la
somme de la hausse dans un cas et la somme de la
baisse dans l'autre seraient les mêmes, c'est-à-dire
quinze schellings. C'était donc là, dans le taux des
salaires, un changement subit sans précédent, et em-
brassant en même temps un nombre d'ouvriers tel que
si l'on compte, non seulement ceux employés dans l'industrie cotonnière mais aussi ceux qui en dépendent —
il dépassait de moitié le nombre des travailleurs agricoles. Est-ce que le blé baissa de prix ? Non, il haussa ;
de la moyenne annuelle de 47 sch. 8 pence le quarter

pendant les trois années 1858-59-60, il monta à 53 sch. 10 pence le quarter pendant les trois années 1861-62-63. Quant aux espèces métalliques, en 1861 la Monnaie en frappa pour 8,673,232 livres sterling contre 3,378,792 l. st. frappées en 1860, c'est-à-dire qu'il fut monnayé 5,294,440 livres sterling de plus en 1861 qu'en 1860. Il est vrai que la circulation des billets de banque fut en 1861 inférieure de 1,319,000 l. st. à ce qu'elle était en 1860. Faites la soustraction de cette somme. Il reste encore un excédent de monnaie en circulation pour l'année 1861, comparée avec l'année de prospérité 1860, de 3,975,440 l. st., ou en chiffres ronds de 4,000,000 l. st.; mais la réserve métallique de la Banque d'Angleterre avait diminué simultanément, pas tout à fait d'autant, mais dans une proportion presque égale.

Maintenant comparons 1862 à 1842. En dehors de l'immense accroissement dans la valeur et la quantité des marchandises livrées à la circulation, en 1862 le capital employé aux transactions régulières sur les actions, emprunts, etc., rien que pour les chemins de fer d'Angleterre et du Pays de Galles, s'élevait à 320,000,000 l. st., somme qui aurait paru fabuleuse en 1842. Pourtant les chiffres de la monnaie, prise en masse, étaient à peu près les mêmes en 1862 qu'en 1842, et généralement on trouve une tendance à la diminution de la monnaie en face d'un énorme accroissement de valeur, non seulement dans les marchandises mais dans les transactions monétaires en général. Pour qui se place au même point de vue que notre ami Weston, il y a là une énigme indéchiffrable.

S'il eût un peu plus approfondi ce sujet, il aurait trouvé que tout à fait en dehors des salaires, et même en les supposant fixes, la valeur et la masse des marchandises à mettre en circulation et, d'une manière générale, la somme des transactions monétaires à régler varie tous les jours ; que la somme des billets de banque émis varie tous les jours ; que la somme des payements effectués sans l'intermédiaire d'aucune monnaie, au moyens d'effets, de chèques, de comptes-courants, de chambres de virements (*clearing houses*), varie tous les jours; que dans la mesure où il y a besoin de monnaie métallique, la proportion entre les espèces circulantes et les espèces ou les lingots qui sont mis en réserve ou qui dorment dans les caves de banque, varie tous les jours; que la quantité du métal absorbé par la circulation nationale et la quantité envoyée au dehors pour la circulation internationale varient tous les jours. Il aurait découvert que ce dogme d'une quantité fixe de monnaie circulante était une erreur monstrueuse, contredite par le mouvement de tous les jours. Il aurait recherché les lois qui permettent à la monnaie de s'accommoder à des circonstances d'une si incessante mobilité, au lieu de chercher dans sa fausse conception des lois de la monnaie un argument contre l'élévation des salaires.

IV

ÉTALON DES SALAIRES

Notre ami Weston accepte le proverbe latin : *Repetitio est mater studiorum*. Pour lui la répétition est la mère de l'étude, et, en conséquence, il a encore répété son dogme ancien sous une forme nouvelle, à savoir que la diminution du numéraire causée par l'augmentation des salaires amènerait une diminution de capital et ainsi de suite. Je crois qu'il est tout à fait superflu d'examiner les conséquences imaginaires qu'il fait découler de son désastre monétaire de fantaisie. Sans m'y arrêter davantage, je vais donc réduire immédiatement son seul et unique dogme, reproduit sous tant d'aspects différents, à sa forme théorique la plus simple.

Une seule remarque suffit pour établir jusqu'à l'évidence qu'il a traité son sujet dans un esprit peu critique. Il s'élève contre la hausse des salaires ou contre les

forts salaires résultant d'une hausse précédente. Or, je
le lui demande, qu'est-ce qu'un salaire élevé et qu'est-ce
qu'un bas salaire ? Pourquoi dire, par exemple, qu'un
salaire de cinq schellings par semaine est bas et qu'un
salaire de vingt schellings est élevé ? Si cinq est bas en
comparaison de vingt, vingt est encore plus bas en
comparaison de deux cents. Si un professeur de physique avait à faire une leçon sur le thermomètre et qu'il
commençât par déclamer sur les degrés hauts, et les degrés bas, il ne nous enseignerait rien du tout. Il faut qu'il
me dise d'abord comment on trouve le point de congéla-
tion, le point d'ébullition, et comment ces mêmes points
sont établis par des lois naturelles, non par le caprice
des marchands ou des fabricants de thermomètres. Or,
à l'égard du salaire et du profit, le citoyen Weston a
non seulement négligé de déduire les lois économiques
de semblables mesures, mais il n'a même pas senti la
nécessité de les chercher. Il s'est contenté d'accepter
les termes courants de haut et de bas, comme quelque
chose ayant une signification fixe, et pourtant il est de
toute évidence que l'on ne peut qualifier le salaire de
haut ou de bas que si on le compare à un étalon d'après
lequel on mesure sa grandeur.

Il ne pourra pas me dire pourquoi une certaine quantité d'argent est donnée pour une certaine quantité de
travail. S'il me répondait que cela est établi par la loi
de l'offre et la demande, je lui demanderais en premier
lieu, quelle loi règle l'offre et la demande elles-mêmes.
Et une telle réponse le ferait débouter immédiatement.
Les rapports entre l'offre et la demande du travail chan-

gent perpétuellement, et les prix courants du travail subissent les mêmes changements. Si la demande dépasse l'offre, les salaires montent ; si l'offre dépasse la demande les salaires descendent, quoiqu'en cette circonstance il soit parfois nécessaire d'*éprouver* l'état réel de l'offre et de la demande, de s'en assurer au moyen d'une grève par exemple, ou de tout autre procédé. Mais si l'on admet l'offre et la demande comme la loi qui règle les salaires, il serait à la fois puéril et inutile de déclamer contre la hausse des salaires, car, d'après la loi suprême que l'on invoque, la hausse périodique des salaires est aussi nécessaire et aussi légitime que leur baisse périodique. Si l'on *n'admet pas* l'offre et la demande comme loi régulatrice des salaires, je renouvelle ma question : Pourquoi une certaine somme d'argent est-elle donnée contre une certaine somme de travail ?

Mais plaçons-nous plus franchement en face de la réalité : ce serait se tromper absolument de croire que la valeur du travail ou de n'importe quelle autre marchandise est, en dernière analyse, déterminée par l'offre et la demande. L'offre et la demande ne règlent rien, si ce n'est les *fluctuations* temporaires des prix courants du marché. Elles expliquent pourquoi le prix courant d'une marchandise s'élève au-dessus ou descend au-dessous de sa *valeur*, mais elles ne peuvent jamais rendre compte de cette *valeur* même. Supposez que l'offre et la demande s'équilibrent, ou selon la locution des économistes, qu'elles se couvrent. Eh bien, au moment même où ces forces opposées deviennent égales, elles se paralysent et cessent d'agir dans un sens ou dans l'autre. Au moment où l'offre et la demande s'équilibrent, et, par conséquent, cessent de fonctionner, le *prix courant* d'une marchandise coïncide avec sa *valeur réelle*, véritable étalon autour duquel évoluent les prix courants. En étudiant la nature de cette *valeur*, nous n'avons donc point à nous occuper de la façon dont les prix courants sont momentanément affectés par l'offre et la demande. Cela est également vrai des salaires et des prix de toutes les autres marchandises.

V

SALAIRES DU TRAVAIL ET PRIX DES MARCHANDISES

Réduits à leur expression théorique la plus simple, tous les arguments de notre ami se résolvent en un seul dogme : « *Les prix des marchandises sont déterminés ou réglés par les salaires* ». Je pourrais en appeler à l'observation pratique et invoquer son témoignage contre ce sophisme vieilli et démonétisé. Je pourrais vous dire que, en Angleterre, les ouvriers de fabrique, les mineurs, les charpentiers de navires, et autres, dont le travail est relativement bien payé, l'emportent sur toutes les nations grâce au bon marché de leur production ; tandis que le travailleur agricole anglais, par exemple, dont le travail est relativement mal payé, est dépassé par presque toutes les autres nations à cause de la cherté de la sienne. En établissant la comparaison article par article dans un même pays, et celle

des marchandises des différents pays entre elles, je
pourrais montrer que, à part quelques exceptions plus
apparentes que réelles, en moyenne le travail de prix
élevé produit les marchandises de bas prix, et que réciproquement le travail de bas prix produit les marchandises de prix élevé. Bien entendu cela ne prouverait
pas que le prix élevé du travail dans un cas et son bas
prix dans l'autre soient les causes respectives de ces
effets diamétralement opposés, mais du moins cela
prouverait que les prix des marchandises ne sont pas
déterminés par les prix du travail. Toutefois nous n'a-
vons nullement besoin d'employer cette méthode empi-
rique.

On pourrait nier peut-être que le citoyen Weston ait
jamais dit dogmatiquement : « c'est le prix du salaire
qui règle ou détermine le prix des marchandises ». En
fait il n'a jamais formulé ce dogme. Il a dit au contraire
que le profit et la rente formaient aussi les parties constituantes du prix des marchandises, parce que c'est sur
le prix des marchandises que se payent non seulement
le salaire de l'ouvrier, mais aussi le profit du capitaliste
et la rente du propriétaire foncier. Mais de quelle manière, à son idée, le prix est-il constitué ? D'abord avec
le salaire. Puis il y est joint une part additionnelle de
tant pour cent en faveur du capitaliste, et une autre
fraction additionnelle en faveur du propriétaire foncier. Supposez que le chiffre des salaires du travail
employé à la production d'une marchandise soit dix.
Si le taux du profit était de 100 0/0, alors aux salaires
déboursés le capitaliste ajouterait dix, et, si le taux de

la rente était aussi de 100 0/0 des salaires, il y aurait
une nouvelle addition de dix ; au total le prix de la marchandise serait donc trente. Mais déterminer ainsi le
prix, ce serait le déterminer d'après le salaire. Si dans
le cas ci-dessus, le salaire montait à vingt, le prix de
la marchandise monterait à soixante, et ainsi de suite.
C'est pour cela que tous les économistes arriérés qui
ont présenté cette thèse de la détermination du prix
par le salaire, se sont efforcés de la démontrer en trai-
tant le profit et la rente comme de simples portions
additionnelles de tant pour cent des salaires. Naturellement aucun d'eux n'a pu réduire ce tant pour cent à une
loi économique quelconque. Ils semblent croire, au contraire, que c'est la tradition, la coutume, la volonté du
capitaliste ou quelque autre méthode également arbitraire et inexplicable, qui établit les profits. S'ils pré-
tendent que c'est la concurrence entre les capitalistes,
ils ne disent rien du tout. Cette concurrence arrive sû-
rement à égaliser les différents taux de profit en différentes industries, elle les réduit à un niveau moyen, mais
elle ne peut jamais déterminer ce niveau lui-même,
c'est-à-dire le taux général des profits.

Qu'entend-on quand on dit que le prix des marchandises est déterminé par le salaire ? Ce mot n'étant qu'un
nom pour désigner le prix du travail, on entend que le
prix des marchandises est réglé par le prix du travail.
Comme le prix est une valeur d'échange, — et quand
je parle de valeur c'est toujours de la valeur d'échange
dont je veux parler — une *valeur d'échange exprimée en
argent*, la proposition revient à celle-ci : « la *valeur des*

marchandises est déterminée par la *valeur du travail* »,
ou encore : « *la valeur du travail est la mesure générale de la valeur* ».

Mais alors comment la *valeur du travail* lui-même
est-elle déterminée ? Ici nous sommes arrêtés. Arrêtés,
bien entendu, si nous essayons de raisonner logique-
ment. Seulement les défenseurs de cette doctrine ne
s'embarassent guère d'un tel scrupule. Voyez l'ami
Weston, par exemple. Il a commencé par nous dire
que le salaire réglait le prix des marchandises et que,
en conséquence, quand les salaires montaient, les prix
devaient monter. Après quoi, il a fait demi-tour pour
nous montrer que la hausse des salaires ne servirait de
rien, parce que les prix des marchandises auraient
monté et que le salaire, en réalité, était mesuré sur le
prix des marchandises à l'achat desquelles il était employé. Ainsi on dit, pour commencer, que la valeur du
travail détermine la valeur des marchandises, et on
dit, pour finir, que la valeur des marchandises détermine la valeur du travail. On tourne autour du cercle le plus vicieux et l'on n'arrive à aucune conclusion.

En définitive, il est évident qu'en prenant la valeur
d'une marchandise, travail, blé ou tout autre article,
pour la mesure générale et le régulateur de la valeur,
on ne fait que déplacer la difficulté, parce l'on détermine une valeur par une autre qui, de son côté, a besoin d'être déterminée.

Le dogme d'après lequel « le salaire détermine le prix
des marchandises », exprimé dans ses termes les plus
abstraits, revient à ceci : « la valeur est déterminée par

la valeur », et cette tautologie, en réalité, signifie que l'on ne sait rien de la valeur. Partant de cette prémisse, tous les raisonnements sur les lois générales de l'économie politique deviennent un pur et simple verbiage. Aussi cela fut-il le grand mérite de Ricardo d'avoir, dans ses *Principes d'économie politique*, publiés en 1817, détruit de fond en comble l'erreur populaire, et usée, que « le salaire détermine le prix ». Cette erreur, Adam Smith et ses prédécesseurs français s'étaient bien gardé d'y tomber dans les parties vraiment scientifiques de leurs recherches, mais elle n'en avait pas moins reparu dans les chapitres de leurs œuvres où ils visaient plutôt à la simplicité et à la vulgarisation.

IV

DE LA VALEUR ET DES PRIX

Citoyens, me voici arrivé à un point où je dois aborder le véritable exposé de la question. Je ne peux m'engager à le faire d'une manière très satisfaisante, car pour cela il me faudrait parcourir le champ entier de l'économie politique. Je ne peux, comme on dit en français, qu' « effleurer le sujet ».

Avant tout nous avons à nous demander : qu'est-ce que la *valeur* d'une marchandise ? Comment cette valeur se détermine-t-elle ?

Au premier aspect, il semble bien que la valeur d'une marchandise est chose toute *relative*, et qui ne peut être fixée sans considérer une marchandise dans ses rapports avec toutes les autres. Et de fait, quand on parle de la valeur, de la valeur d'échange d'une marchandise, on entend le *rapport de quantité* suivant lequel elle s'échange avec toutes les autres marchandises. Mais alors se présente cette autre question : ces proportions suivant lesquelles les marchandises s'échangent, comment se règlent-elles ?

L'expérience nous apprend qu'elles varient infiniment. Si nous prenons séparément une marchandise particulière, le blé, par exemple, nous trouverons qu'un quarter de blé s'échange contre différentes marchandises suivant une proportion dont on ne peut, pour ainsi dire, compter les variations. Et pourtant, *sa valeur restant toujours la même*, soit qu'on l'exprime en soie, en or, ou en toute autre marchandise, elle doit être chose distincte et indépendante de ces *différents taux d'échange* entre différents articles. Il doit être possible d'exprimer, dans une forme très différente, ces diverses équations entre diverses marchandises.

En outre, si je dis qu'un quarter de blé s'échange contre du fer dans une certaine proportion, ou que la valeur d'un quarter de blé est exprimée en une certaine quantité de fer, je dis que la valeur du blé et son équivalent en fer sont égaux à quelque chose, à une *troisième chose*, qui n'est ni du blé ni du fer, puisque je suppose que, eux, ils expriment la même grandeur sous deux formes différentes. L'un des deux, le blé ou le fer, doit donc, indépendamment de l'autre, être réductible à cette troisième chose qui est leur commune mesure.

Pour éclaircir ce point, j'aurai recours à un exemple géométrique des plus simples. Quand on compare des surfaces triangulaires de toutes les formes et de toutes les grandeurs possibles, ou bien quand on compare des triangles avec des rectangles ou avec tout autre figure rectiligne, comment procède-t-on ? On réduit la surface d'un triangle quelconque à une expression toute différente de sa forme visible. Après avoir trouvé, d'après la nature du triangle, que sa surface est égale à la moitié du produit de sa base par sa hauteur, on peut comparer entre elles les valeurs différentes de toutes sortes de triangles, et de toutes les figures rectilignes quelconques, parce qu'elles peuvent toutes se résoudre en un certain nombre de triangles.

Le même procédé doit pouvoir s'appliquer aux valeurs des marchandises. On doit pouvoir les réduire toutes à une expression qui leur soit commune, en se bornant à les distinguer par les proportions suivant lesquelles elles contiennent cette mesure identique.

Les *valeurs échangeables* des marchandises n'étant que les *fonctions sociales* de ces objets, et n'ayant rien de commun avec leurs qualités *naturelles*, il faut d'abord se demander : quelle est la commune *substance sociale* de toutes les marchandises ? C'est le *travail*. Pour produire une marchandise, une certaine quantité de travail doit y être appliquée, doit y entrer. Et je ne dis pas seulement de *travail*, mais de *travail social.* Quelqu'un qui produit un article pour son propre usage immédiat, en vue de le consommer lui-même, crée un *produit*, mais non une *marchandise.* En tant que producteur pourvoyant à son propre entretien, cet individu n'a pas de rapports avec la société. Mais pour produire une *mar-*

chandise, un homme doit non seulement produire un article qui satisfasse à quelque besoin *social*, mais il faut encore que son travail lui-même soit une partie intégrante de la somme totale de travail exécuté par la société. Son travail doit être subordonné à la *division du travail dans la société* même. Il n'est rien sans les autres divisions du travail, et de son côté, il est lui-même indispensable pour constituer leur intégralité.

Si nous envisageons les *marchandises en tant que valeurs*, nous les envisageons exclusivement sous l'aspect unique de *travail social réalisé, déterminé*, ou, si l'on veut, *cristallisé*.

A cet égard elles ne peuvent différer qu'en représentant des quantités de travail plus grandes ou plus petites : par exemple, une plus grande somme de travail peut être incorporée dans un mouchoir de soie que dans une brique. Mais comment mesure-t-on des *quantités de travail* ? D'après le *temps que dure le travail*, en mesurant le travail à l'heure, à la journée, etc. Naturellement pour appliquer cette mesure tous les genres de travail sont réduits au travail moyen, au travail simple, qui est comme leur unité.

Nous arrivons donc à cette conclusion : une marchandise a une valeur parce qu'elle est une *cristallisation de travail social*. La *grandeur* de sa valeur, sa valeur *relative*, dépend de la quantité plus ou moins grande de cette substance sociale qu'elle contient, c'est-à-dire de la somme relative de travail nécessaire à sa production. Les *valeurs relatives des marchandises* sont donc déterminées par les *quantités ou sommes respectives de travail qui sont appliquées, réalisées, fixées dans ces marchandises*. Les quantités *corrélatives* de marchandises qui peuvent être produites en un *même temps de travail* sont *égales* — ou bien la valeur d'une marchandise est à la valeur d'une autre marchandise comme la quantité de travail fixée dans l'une est à la quantité de travail fixée dans l'autre.

J'imagine que beaucoup d'entre vous vont me dire : mais, en réalité, y a-t-il donc une si énorme ou même y a-t-il la moindre différence entre déterminer la valeur des marchandises d'après le *salaire* et la déterminer d'après les *quantités relatives du travail* qu'exige leur production ? Vous devez pourtant savoir que la *rémunération* du travail et sa *quantité* sont deux choses tout à fait distinctes. Supposez, par exemple, que des *quantités égales de travail* soient fixées dans un quarter de blé et dans une once d'or. Je choisis cet exemple parce que Benjamin Franklin s'en est servi dans son premier Essai publié en 1721 sous le titre de : *Modeste recherche au sujet de la nature et de la nécessité d'une monnaie de papier*. Un des premiers il y mit le doigt sur la véritable nature de la valeur. — Nous supposons donc qu'un quarter de blé et une once d'or sont des *valeurs égales* ou des *équivalents*, parce que ce sont des *cristallisations d'égales quantités de travail moyen*, de tant de jours ou de tant de semaines de travail fixés dans l'un et dans l'autre de ces deux produits différents. En déterminant ainsi les valeurs relatives de l'or et du blé, est-ce que nous nous occupons en quoi ce soit du

salaire de l'ouvrier agricole et de celui du mineur ? Pas
le moins du monde. Nous laissons tout à fait en dehors,
indéterminée, la façon dont leur journée ou leur semaine
de travail a été payée et même la question de savoir
s'il y a eu emploi de travail salarié. Si cela a eu lieu,
les salaires ont pu être très inégaux. Le journalier dont
le travail est réalisé dans le quarter de blé peut n'en
recevoir que deux boisseaux, tandis que celui qui travaille à l'extraction du métal précieux recevra la moitié de l'once d'or. Ou bien il peut se faire que leurs
salaires, en les supposant égaux, s'écartent dans toutes
les proportions possibles de la valeur des deux marchandises produites. Il peuvent s'élever à la moitié,
au tiers, au quart, au cinquième, ou à toute autre
fraction proportionnelle du quarter de blé ou de l'once
d'or. Leurs salaires, bien entendu, ne peuvent pas *dé-
passer* la valeur des marchandises produites ; ils ne
peuvent pas être plus qu'elles, mais ils peuvent être
moins, à tous les degrés imaginables. Les salaires de
ces deux producteurs seront *limités* par les *valeurs* des
produits, mais les *valeurs de leurs produits* ne seront
pas limitées par leurs salaires. Et, par dessus tout, les
valeurs, les valeurs relatives du blé et de l'or, par
exemple, auront été établies sans aucunement avoir
égard à la valeur du travail employé, c'est-à-dire aux
salaires. Déterminer la valeur des marchandises d'a-
près les *quantités relatives de travail qui y sont incorporées* est donc une méthode tout à fait différente du procédé tautologique qui consisterait à déterminer la valeur des marchandises par la valeur du travail, par les

salaires. Quoi qu'il en soit, c'est là un point que la suite de notre examen élucidera davantage.

Dans le calcul de la valeur échangeable d'une marchandise, nous devons ajouter à la quantité du travail employé *en dernier lieu* la quantité du travail *antérieurement* incorporé dans la matière première de la marchandise, et aussi celle du travail qui est entré dans les instruments, les outils, les machines et les bâtiments à l'aide desquels a fonctionné ce dernier travail. Par exemple, la valeur d'une certaine quantité de filés de coton est la cristallisation de la quantité de travail ajoutée au coton pendant le filage, de la quantité de travail précédemment incorporée dans le coton même, de la quantité de travail incorporée dans le charbon, l'huile et les autres matières employées, de la quantité de travail fixée dans la machine à vapeur, les broches, les bâtiments de la fabrique et ainsi de suite. Les instruments de production proprement dits, tels que : outils, machines, bâtiments, servent et reservent encore plus ou moins longtemps, pendant une série d'opérations successives qui se répètent. S'ils étaient tout de suite consommés complètement, leur valeur entière serait tout de suite transmise aux marchandises qu'ils aident à produire. Mais comme une broche, par exemple, ne s'use que graduellement, on fait un calcul de moyenne, basé sur la moyenne de sa durée et la moyenne de sa déperdition ou de son usure pendant une certaine période, soit une journée. De cette façon on calcule quelle part de la valeur de la broche est transmise au coton filé dans une journée, et, par conséquent, quelle part de la somme totale de travail incorporée dans un livre de filés, par exemple, est due à la quantité de travail précédemment incorporée dans la broche. Pour notre présent objet nous n'avons pas à nous arrêter plus longtemps sur ce point.

Il pourrait sembler que si la valeur d'une marchandise est déterminée par la *quantité du travail consacré à sa production*, la marchandise aura d'autant plus de valeur que l'ouvrier qui l'a faite sera plus indolent ou plus maladroit, puisqu'il y aura travaillé plus longtemps. Ce serait pourtant une grosse erreur. Rappelez-vous que j'ai employé l'expression de « *travail social* », et cette qualification implique bien des choses. Quand nous disons que la valeur d'une marchandise est déterminée par la *quantité de travail* « cristallisé » qu'elle contient, nous entendons la *quantité de travail qu'il faut pour la produire* en un état de société donné, en de certaines conditions sociales moyennes de production, avec une moyenne sociale donnée d'intensité, et une moyenne d'habileté du travail employé. Quand, en Angleterre, le métier mécanique vint faire concurrence au métier à bras, il ne fallut plus que la moitié du temps de travail antérieur pour transformer une quantité donnée de filés en un mètre de cotonnade ou de toile. Le malheureux tisserand qui continuait à se servir de l'ancien métier fit des journées de dix-sept et dix-huit heures, au lieu des neuf ou dix qu'il faisait auparavant. Et pourtant le produit de vingt heures de son travail ne représenta plus que dix heures *sociales* de travail, les dix heures socialement nécessaires

pour transformer un certaine quantité de filés en articles textiles. Son produit de vingt heures n'avait donc
pas plus de valeur que son produit précédent de dix.

Si donc c'est la quantité de travail socialement nécessaire incorporée dans les marchandises qui règle
leur valeur d'échange, tout accroissement de la quantité de travail qu'il faut pour produire une marchandise doit en augmenter la valeur, comme toute diminution doit l'abaisser.

Si les diverses quantités de travail nécessaires pour
produire les diverses marchandises restaient constantes,
leurs valeurs relatives aussi resteraient constantes.
Mais tel n'est point le cas. La quantité de travail nécessaire pour produire une marchandise change sans
cesse, à mesure que changent les puissances, les forces
productives du travail employé. Plus les forces productives du travail sont grandes, plus il y aura de produits
achevés en une durée de travail donnée ; plus les forces
productives du travail sont petites, moins il y aura de
produits achevés dans le même temps.

Si, par exemple, le mouvement ascendant de la population obligeait à cultiver des terres moins fertiles,
on n'obtiendrait la même quantité de production que
grâce à une plus grande dépense de travail, et la valeur des productions agricoles s'élèverait en conséquence. D'un autre côté, si, avec les moyens actuels de
production, un seul fileur transforme en filés, dans une
seule journée de travail, une quantité de coton plusieurs
milliers de fois supérieure à celle qu'il aurait pu filer
pendant le même temps avec le rouet, il est évident

que chaque livre de coton isolément absorbera plusieurs milliers de fois moins de travail qu'elle n'en
absorbait auparavant, et, par conséquent, la valeur
ajoutée par le filage à chaque livre de coton isolément
sera des milliers de fois moindre qu'auparavant. La
valeur des filés tombera d'autant.

A part des différences dans l'énergie naturelle et
dans l'habileté technique acquise, chez les différents
peuples, les forces productives du travail doivent dépendre principalement :

1° Des conditions *naturelles* du travail, telles que la
fertilité du sol, la richesse minière, etc. ;

2° Du perfectionnement et des progrès des forces *sociales du travail*, tels qu'ils résultent de la production
en grand, de la concentration du capital et de la coopé-
ration — le « concours de forces » — du travail, de la
subdivision du travail, du machinisme, des perfectionnements de procédés, des applications d'agents chimiques
et d'agents naturels, de l'abrégement du temps et de
l'espace à l'aide de nouveaux moyens de communication
et de transport, enfin de tout autre sytème par lequel
la science met les agents naturels au service du travait
et qui en développe le caractère social ou coopératif.
Plus les forces productives du travail sont grandes,
moins il y a de travail employé à la même quantité
donnée de produit, et, partant, plus est petite sa valeur.
Nous pouvons donc poser ceci en loi générale :

*Les valeurs des marchandises sont en raison directe de
la durée du travail employé à les produire, et elles sont en
raison inverse des forces productives du travail employé.*

N'ayant parlé jusqu'ici que de la *Valeur*, j'ajouterai quelques mots sur le *Prix*, qui est une forme particulière que prend la valeur.

En lui-même, le prix n'est que l'*expression monétaire de la valeur*. Les valeurs de toutes les marchandises de ce pays, par exemple, sont exprimées en prix d'or, tandis que sur le continent elles sont principalement exprimées en prix d'argent. La valeur de l'or ou de l'argent, comme celle de toutes les autres marchandises, est déterminée par la quantité de travail nécessaire pour se les procurer. Vous échangez une certaine somme de vos produits nationaux, où une certaine somme de votre travail national est cristallisée, contre la production des pays fournissant l'or et l'argent, production où fut cristallisée une certaine quantité de leur *propre* travail. C'est de cette façon, en réalité par un troc, que vous apprenez à exprimer en or et en argent les valeurs de toutes les marchandises, c'est-à-dire les quantités respectives de travail qu'elles contiennent. En observant d'un peu plus près et plus à fond l'*expression monétaire de la valeur*, ou, ce qui revient au même, la conversion de la valeur en prix, vous apercevrez que c'est là un procédé par lequel on donne aux *valeurs* de toutes les marchandises une *forme indépendante* et *homogène*, par lequel on les exprime comme quantités d'un même travail social. En tant qu'il n'est que l'expression monétaire de la valeur, le prix a été appelé *prix naturel* par Adam Smith, et par les physiocrates français *prix nécessaire*.

Quel est donc le rapport entre la *valeur* et les *prix*

courants, entre les *prix naturels* et les *prix du marché?*

Vous savez tous que le *prix-courant* est le *même* pour toutes les marchandises de la même espèce, quelque différentes que soient les conditions de production pour les producteurs individuellement. Le prix-courant exprime seulement la *quantité moyenne de travail social* nécessaire, dans les conditions moyennes de production, pour fournir au marché une certaine quantité d'un certain article. Il est calculé sur la masse totale d'une marchandise d'une certaine espèce.

A ce point de vue le prix-courant de la marchandise et sa valeur « coïncident ». De l'autre côté, les oscillation des prix-courants, qui tantôt s'élèvent au-dessus, tantôt s'abaissent au-dessous de la valeur ou du prix naturel, dépendent des fluctuations de l'offre et la demande. L'écart du prix au-delà ou en deçà de la valeur est continuel, mais comme le dit Adam Smith : « Le prix naturel est le prix central vers lequel les prix des marchandises ne cessent de graviter. Divers accidents peuvent parfois les tenir suspendus fort au-dessus de ce point et parfois les précipiter un peu au-dessous. Mais quels que soient les obstacles qui les empêchent de se fixer dans ce centre de repos et de continuité, ils y tendent constamment ».

Je ne peux, pour l'instant, analyser minutieusemen[t] ce sujet. Il suffit de dire que *si* l'offre et la demande s'équilibrent, les prix-courants des marchandises correspondront à leurs prix naturels, c'est-à-dire à leurs valeurs, déterminées d'après les quantités respectives de travail qu'exige leur production. Mais l'offre et la de-

mande *doivent* constamment tendre à s'équilibrer, bien
qu'elles ne le fassent qu'en compensant une fluctuation
par une autre, une hausse par une baisse, et *vice versa*.
Si, au lieu de se borner à considérer les fluctuations
journalières, on analyse les mouvements des prix courants pendant de plus longues périodes, comme l'a fait,
par exemple, M. Tooke dans son *Histoire des Prix*, on
trouvera que les fluctuations des prix-courants, les dé-
viations par lesquelles ils s'écartent de la valeur, leurs
mouvements ascendants et descendants se paralysent
et se compensent ; de telle sorte que, en dehors de l'effet des monopoles, et de quelques autres modifications
que je dois laisser de côté en ce moment, les marchandises de toute espèce se vendent, *en moyenne*, à leurs
valeurs respectives, à leurs *prix naturels*. Les moyennes
des périodes pendant lesquelles se compensent les fluctuations des prix-courants sont différentes pour différents genres de marchandises, parce qu'il est plus fa-
cile d'ajuster l'offre à la demande avec tel genre
qu'avec tel autre.

Si donc, en gros, et quand on embrasse des périodes
de temps assez longues, toutes les espèces de marchandises se vendent à leurs valeurs respectives, il est absurde de supposer que le profit, non dans des cas individuels, mais les profits constants et ordinaires des
différentes industries proviennent des prix des marchandises, c'est-à-dire de ce qu'elles ont été vendues
à un prix supérieur à leur valeur. L'absurdité de cette
notion éclate aux yeux dès qu'on la généralise. Ce qu'un
homme gagnerait constamment comme vendeur, il le

perdrait non moins constamment comme acheteur. Qu'on n'aille pas dire qu'il y a des gens qui sont acheteurs sans être vendeurs, ou consommateurs sans être producteurs. Ce que ces gens-là paient aux producteurs, il faut d'abord que ceux-ci le leur donnent pour rien. Si un homme commence par vous prendre votre argent, puis vous le rend en payant l'achat de vos marchandises, jamais vous n'arriverez à vous enrichir en les lui vendant très cher. Ce genre d'opération pourrait bien diminuer une perte, mais il ne ferait jamais réaliser un profit.

Ainsi donc, pour expliquer la *nature générale des profits*, il faut partir du principe que : *en moyenne, les marchandises se vendent à leurs valeurs réelles*, et que : *les profits viennent de ce qu'elles se vendent ainsi*, c'est-à-dire proportionnellement à la quantité de travail qu'elles contiennent. Si l'on ne peut expliquer le profit en partant de là, alors on ne peut pas l'expliquer du tout.

Cela a l'air d'un paradoxe contraire à l'observation de tous les jours. C'était aussi un paradoxe de dire que la terre tourne autour du soleil et que l'eau se compose de deux gaz extrêmement inflammables. La vérité scientifique est toujours un paradoxe, au jugement de l'expérience journalière, qui ne saisit que l'apparence trompeuse des choses.

VII

LA FORCE DE TRAVAIL

Maintenant que nous avons expliqué, autant qu'il était possible de le faire en une analyse aussi rapide, la nature de la *Valeur*, de la *Valeur d'une marchandise quelconque*, il nous faut porter notre attention sur une valeur d'un caractère particulier, la *Valeur du Travail*. Et, ici encore, au risque de vous étonner, je dois débuter par un paradoxe apparent. Vous êtes tous persuadés que ce que vous vendez journellement, c'est votre Travail ; que, conséquemment, le Travail a un Prix, et que, le prix d'une marchandise étant simplement l'expression monétaire de sa valeur, il doit certainement exister une *Valeur du Travail*. Eh bien, non ! il n'existe pas de *Valeur du Travail*, dans l'acception ordinaire du mot. Nous avons vu que c'est la quantité de travail nécessaire cristallisé dans une marchandise

qui en constitue la valeur. Maintenant, appliquant cette
notion de la valeur, comment pourrons-nous définir,
par exemple, la valeur d'une journée de travail de dix
heures ? Combien y a-t-il de travail contenu dans cette
journée ? Dix heures de travail. Dire que la valeur d'une
journée de travail de dix heures égale dix heures de
travail, qu'elle égale la quantité de travail qu'elle contient, ce serait dire deux fois la même chose, presque
dans les mêmes termes, et, de plus, cela n'aurait pas
de sens. Il va sans dire que le sens véritable, mais
caché, de l'expression « *Valeur du Travail* » une fois
trouvé, nous serons en mesure d'interpréter cette irra-
tionnelle et, en apparence, impossible application de
la valeur, de même qu'une fois assuré du mouvement
réel des corps célestes, on est en mesure d'expliquer
leurs mouvements apparents.

Ce que vend l'ouvrier, ce n'est pas directement son
Travail, mais sa *Force de travail*, qu'il met temporai-
rement à la disposition du capitaliste. Cela est si vrai
que la loi, sinon en Angleterre, — je n'en sais rien, —
mais certainement dans plusieurs pays du continent,
fixe le *maximum* de la durée pour laquelle un homme a
le droit d'aliéner sa force de travail. S'il lui était per-
mis de le faire pour une période de temps indéfinie,
l'esclavage serait du même coup rétabli. Si, par
exemple, une telle aliénation s'étendait à sa vie entière,
elle ferait de lui l'esclave à vie de son patron.

Un des plus anciens économistes et des philosophes
les plus originaux de l'Angleterre, — Thomas Hobbes,
— dans son *Leviathan*, avait déjà d'instinct touché ce

point qui a échappé à tous ses successeurs. Il avait
dit « : *La valeur d'un homme* est, comme pour toutes
les autres choses, son *prix* : c'est-à-dire ce que l'on
donnerait pour l'*Usage de sa Force* ».

Prenant cela pour base, nous serons à même de déterminer la *valeur du travail*, comme celui de toutes
les autres marchandises.

Mais, auparavant, on pourrait demander d'où vient
ce singulier phénomène ; comment il se fait que l'on
trouve sur le marché une catégorie d'acheteurs en possession de la terre, des machines, des matières premières et des moyens de subsistance, toutes choses qui,
sauf la terre à l'état brut, sont les *produits du travail*, et de l'autre côté une catégorie de vendeurs n'ayant
rien à vendre, excepté leur force de travail, leur bras et
leur cerveau agissants ; comment il se fait que le premier groupe achète continuellement dans le but de réaliser un profit et de s'enrichir, tandis que l'autre
groupe vend continuellement dans le but de gagner sa
vie ? Examiner cette question, ce serait examiner ce que
les économistes ont appelé l'*Accumulation antérieure
ou primitive*, mais qu'il faudrait appeler l'*Expropria-
tion primitive*. On trouverait que cette prétendue *Accumulation primitive* ne signifie rien d'autre chose
qu'une série d'évolutions historiques aboutissant à une
Décomposition de l'union primitive qui existait entre
le travailleur et ses moyens de travail. Toutefois, cet
examen dépasse les bornes de mon sujet. La *Séparation*
entre l'homme de travail et les moyens de travail une
fois établie, cet état de choses va se maintenir et se re-

produire sur une échelle toujours croissante, jusqu'à ce qu'une nouvelle révolution fondamentale dans le mode de production vienne tout bouleverser et rétablir l'union primitive sous une nouvelle forme historique.

Qu'est-ce donc que la *Valeur de la Force de travail*?

De même que celle de toute autre marchandise, cette valeur est déterminée par la quantité de travail qu'il faut pour la produire. La puissance de travail d'un homme n'existe pas en dehors de sa personnalité vivante. Pour se développer et pour entretenir son existence, il doit consommer une certaine masse de denrées nécessaires. Mais il est, comme la machine, sujet à l'usure, et il faut qu'un autre puisse venir le remplacer. En outre des choses qu'exige son *propre* entretien, il a besoin d'une autre somme de ces mêmes choses de première nécessité pour élever une certaine quotité d'enfants, qui devront le remplacer sur le marché du travail et y perpétuer la race des travailleurs. De plus, pour développer sa force de travail et acquérir une habileté déterminée, il lui aura fallu dépenser une autre somme de valeurs. Pour notre présente démonstration, il nous suffit d'envisager le travail *moyen*, dont les frais d'éducation et de développement sont avec les autres dépenses dans un rapport « évanouissant », comme on dit des quantités mathématiques qui deviennent nulles. Toutefois, je saisis cette occasion de dire que, de même que diffère le coût de production de forces de travail de qualité différente, ainsi devra différer la valeur des forces de travail employées dans les industries différentes. La demande de l'*égalité des salaires* repose donc sur une erreur ; c'est un de ces vœux insensés qui ne doivent jamais se réaliser. C'est là un fruit de ce faux radicalisme, de pure surface, qui accepte les prémisses et essaye d'échapper aux conclusions. Sous le régime du salariat, la valeur de la force de travail se règle comme celle de toute autre marchandise ; et comme des forces de travail différentes ont des valeurs différentes, en un mot exigent pour les produire des quantités de travail différentes, elles doivent nécessairement, sur le marché du travail, atteindre des prix différeuts. Réclamer à grands cris une *rémunération égale ou même équitable* sous le régime du salariat, c'est comme si l'on réclamait la *liberté* sous le régime de l'esclavage. Il ne s'agit pas de ce qui vous semble juste ou équitable, il s'agit de ce qui est nécessaire et inévitable dans un système donné de production.

De ce que nous venons de dire, il résulte que la *valeur de la force de travail* est déterminée par la *valeur des choses de première nécessité* qu'il faut pour produire, développer, maintenir et perpétuer la force de travail.

VIII

PRODUCTION DE LA PLUS-VALUE

Maintenant, supposons qu'il faille *six heures de travail moyen* pour produire la quantité moyenne de choses nécessaires chaque jour à un travailleur. Supposons, en outre, que six heures de travail moyen soient contenues dans une quantité d'or égale à 3 schellings. Alors 3 schellings sera le *Prix*, ou l'expression monétaire de la *Valeur journalière* de la *Force de travail* de cet ouvrier. S'il travaille six heures par jour, il produira chaque jour une valeur suffisante pour acheter la quantité moyenne de sa consommation journalière en objets de première nécessité, c'est-à-dire ce qu'il lui faut pour se conserver comme travailleur.

Mais notre homme est un travailleur salarié. Il lui faut donc vendre sa force de travail à un capitaliste. S'il la vend 3 schellings par jour ou 18 schellings par semaine, il la vend à sa valeur. Supposons-le ouvrier fileur. S'il travaille six heures par jour, il ajoutera chaque jour au coton une valeur de 3 schellings. Cette valeur chaque jour ajoutée par lui sera l'équivalent exact de son salaire, ou le prix de sa force de travail, reçu tous les jours. Mais dans ce cas *aucune plus-value*, absolument *aucun surproduit* ne reviendrait au capitaliste. Ici nous voilà donc arrêtés.

En achetant la force de travail de l'ouvrier et la payant à sa valeur, le capitaliste, comme tout autre acheteur, a acquis le droit de consommer ou d'employer la marchandise achetée. On consomme ou l'on emploie la force de travail d'un homme en le faisant travailler, comme on consomme ou l'on emploie une machine en la faisant fonctionner. En achetant la valeur journalière ou hebdomadaire de la force de travail de l'ouvrier, le capitaliste a donc acheté le droit de se servir de cette force, de la faire travailler pendant *toute la journée* ou *toute la semaine*. La journée ou la semaine de travail a, bien entendu, certaines limites, mais nous y regarderons de plus près par la suite.

Pour l'instant je veux appeler votre attention sur un point décisif.

La *valeur* de la force de travail est déterminée par la quantité de travail nécessaire pour la conserver ou la reproduire, mais l'*usage* de cette force de travail n'est limité que par l'énergie agissante et la vigueur physique du travailleur. La valeur journalière ou hebdomadaire de la force de travail est tout à fait distincte de l'exercice journalier ou hebdomadaire de cette force, de même que la nourriture dont un cheval a besoin et le temps qu'il peut porter son cavalier sont choses distinctes. La quantité de travail qui limite la *valeur* de la force de travail de l'ouvrier ne constitue en aucune façon une limite à la quantité de travail que sa force est capable d'accomplir. Prenez l'exemple de notre fileur. Nous avons vu que, pour reproduire quotidiennement sa force de travail, il lui faut quotidiennement reproduire une valeur de trois schellings, ce qu'il fait en travaillant six heures par jour. Mais cela ne le rend pas incapable de travailer dix ou douze heures par jour ou même davange. Mais en payant la *valeur* journalière ou hebdomadaire de la force du travail du fileur, le capitaliste a acquis le droit de s'en servir pendant *toute la journée* ou *toute la semaine*.

Il fera donc travailler le fileur, mettons *douze heures* par jour. *En outre et en sus* des six heures qu'il faut pour produire son salaire ou la valeur de sa force, l'ouvrier aura donc à travailler *six autres heures* que j'appellerai heures de *surtravail*, lequel surtravail se réalisera en une *plus-value* et un *surproduit*. Si notre fileur, par exemple, au moyen de son travail journalier de six heures, ajoutait trois schellings de valeur au coton, valeur qui formait l'équivalent exact de son salaire, il ajoutera, en douze heures, six schellings de valeur au coton et produira un *surplus proportionnel de filés*. Comme il a vendu sa force de travail au capitaliste, la totalité de la valeur ou du produit qu'il a créés appartient au capitaliste, possesseur temporaire de sa force de travail. En déboursant trois schellings, le capitaliste réalisera donc une valeur de six schellings, puisque, déboursant une valeur dans laquelle six heures de travail sont cristallisées, il recevra en retour une valeur dans laquelle l'auront été douze heures de travail. Par la répétition quotidienne de ce mouvement, le capitaliste déboursera tous les jours trois schellings et en empochera six, dont la moitié servira à payer un nouveau salaire et dont l'autre moitié formera la *plus-value* pour laquelle le capitaliste ne paye aucun équivalent. C'est sur cette *sorte d'échange entre le capital et le travail* qu'est fondée la production capitaliste, le salariat, et ce qui doit forcément en résulter, c'est la reproduction constante de l'ouvrier comme ouvrier, et du capitaliste comme capitaliste.

Le *taux de la plus-value*, toutes autres circonstances restant les mêmes, dépendra de la proportion existant entre cette partie de la journée de travail qui est nécessaire pour reproduire la valeur de la force de travail et le *temps supplémentaire* de cette journée ou le *surtravail* exécuté pour le capitaliste. Il dépendra, par conséquent, du *degré de prolongation de la journée au-delà de la durée* pendant laquelle l'ouvrier, en travaillant, ne ferait que reproduire la valeur de sa force de travail, c'est-à-dire rembourser son salaire.

IX

VALEUR DU TRAVAIL

Revenons maintenant à l'expression de *Valeur* ou *Prix du travail*.

Nous avons vu qu'en réalité ce n'est que la valeur de la force de travail, mesurée d'après la valeur des marchandises nécessaires à son entretien. Mais comme l'ouvrier reçoit son salaire après que son travail est achevé et qu'il sait, du reste, qu'effectivement ce qu'il livre au capitaliste c'est son travail, il s'en suit nécessairement que la valeur ou le prix de sa force de travail lui paraissent être le *prix* ou la *valeur de son travail même*. Si le prix de sa force est de trois schellings, contenant six heures de travail, et qu'il travaille douze heures, il considère nécessairement ces trois schellings comme la valeur ou le prix de douze heures de travail, bien que ces douze heures de travail s'incorporent en une valeur de six schellings. De ceci découle une double conséquence :

Premièrement : *La valeur ou le prix de la force du travail* prend l'apparence du *prix ou de la valeur du travail lui-même*, encore que, rigoureusement, les termes de valeur et de prix du travail soient dénués de sens.

Secondement : quoique seulement une partie du travail journalier de l'ouvrier soit *payée*, tandis que l'autre partie est *impayée* et que ce travail impayé ou surtravail constitue exactement le fonds d'où se forme la *plus-value* ou *profit*, il semble que tout le travail, pris dans sa masse, soit payé.

C'est cette fausse apparence qui distingue le travail salarié des autres formes *historiques* du travail. En régime de salariat, même le travail *impayé* a l'air d'être du travail *payé*. Avec l'*esclave* c'est tout le contraire : même la partie de son travail qui est payée paraît être impayée. Naturellement pour que l'esclave travaille, il faut qu'il vive, et une partie de sa journée de travail sert à rembourser la valeur de son propre entretien. Mais comme il n'y a pas de marché conclu entre lui et son maître, qu'il ne se passe aucun fait de vente ou d'achat entre les deux parties, son travail entier a l'air d'être donné pour rien.

Prenez, d'un autre côté, le serf tel qu'hier encore, je pourrais dire, il existait dans toute l'Europe orientale. Ce paysan travaillait, par exemple, trois jours pour lui-même à son propre champ ou au champ qui lui était alloué, et les trois autres jours il accomplissait un travail obligatoire et gratuit sur le domaine de son

seigneur. Ici donc la partie payée et la partie impayée
du travail étaient séparées d'une manière sensible, séparées dans le temps et dans l'espace ; et cette idée absurde de faire travailler un homme pour rien transpor-
tait d'indignation nos Libéraux.

En fait, pourtant, qu'un homme travaille trois jours
de la semaine pour lui-même sur son propre champ et
trois jours pour rien sur le domaine de son seigneur,
ou bien qu'il travaille à la fabrique ou à l'atelier six
heures par jour pour lui-même et six pour son patron,
cela revient absolument au même, encore que dans ce
dernier cas les portions payées et impayées du travail
soient entremêlées et inséparables, et bien que la nature de toute l'opération soit complètement masquée
par l'*intervention du contrat* et par la *paye* reçue à la fin
de la semaine. Le travail gratuit paraît être donné vo-
lontairement dans un cas et être forcé dans l'autre. C'est
là toute la différence.

Quand j'emploierai l'expression de « *valeur du travail*», ce ne sera que comme un terme de la langue populaire pour signifier la « valeur de la force de travail ».

X

LE PROFIT SE RÉALISE PAR LA VENTE D'UNE MARCHANDISE A SA VALEUR

Supposez qu'une heure moyenne de travail soit contenue dans une valeur égale à six pence, que douze
heures moyennes de travail soient contenues dans six
schellings. Supposez en outre que la valeur du travail
soit de trois schellings, qu'elle soit le produit de six
heures de travail. Si, de plus, dans l'usure des matières
premières, des machines, en un mot des moyens de
production employés à la confection de la marchandise,
il était contenu vingt-quatre heures de travail moyen,
la valeur de ce travail serait de douze schellings. Enfin,
si l'ouvrier employé par le capitaliste ajoutait encore
douze heures de travail à ces moyens de production,
ces douze heures entreraient pour une valeur additionnelle de six schellings. La *valeur totale du produit* s'é-
lèverait donc à trente-six heures de travail cristallisé,
elle serait de dix-huit schellings. Mais comme la valeur
du travail, le salaire payé à l'ouvrier ne serait que de
trois schellings, le capitaliste n'aurait déboursé aucun
équivalent en payement des *six heures de surtravail*

faites par l'ouvrier, et qui seraient entrées dans la valeur de la marchandise. En vendant cette marchandise à sa valeur de dix-huit schellings, le capitaliste réaliserait donc une valeur de trois schellings, pour laquelle il n'aurait point payé d'équivalent. Ces trois schellings constitueraient la plus-value ou le profit qu'il empocherait. Par conséquent, ce ne serait pas en vendant la marchandise à un *prix supérieur à sa valeur*, mais bien en la vendant à sa *valeur réelle* que le capitaliste réaliserait trois schellings de profit.

Ce qui détermine la valeur d'une marchandise, c'est la *quantité totale du travail* qu'elle contient. Mais une partie de cette quantité de travail est incorporée dans une valeur contre laquelle un équivalent a été payé sous forme de salaire; une autre partie, dans une valeur contre laquelle il n'a pas été donné d'équivalent· Une partie du travail contenu dans la marchandise est du travail *payé*, l'autre est du travail *impayé*. Par conséquent, en vendant la marchandise à *sa valeur*, c'est-à-dire comme la cristallisation de la *quantité totale de travail* qu'elle a absorbée, le capitaliste doit forcément retirer de la vente un profit. Il vend non seulement ce qui lui a coûté un équivalent, mais aussi ce qui ne lui a rien coûté du tout, encore que cela ait coûté le travail de son ouvrier.

Le coût de la marchandise pour le capitaliste et son coût réel, ce sont deux choses différentes. Je répète donc que les profits normaux et moyens se réalisent par la vente des marchandises non pas *au-dessus* de leur valeur réelle, mais bien à leur *valeur réelle*.

XI

LES DIFFÉRENTES PARTIES DANS LESQUELLE SE DÉCOMPOSE
LA PLUS-VALUE

La *plus-value*, c'est-à-dire cette partie de la valeur totale de la marchandise où est incorporé le *surtravail*, le travail *impayé* de l'ouvrier, voilà ce que j'appelle le *Profit*. Le capitaliste-entrepreneur n'en empoche pas la totalité. Le monopole foncier met à la disposition du propriétaire, sous le nom de *rente*, une partie de cette *plus-value*, que la terre soit employée à des constructions agricoles, à des chemins de fer ou à toute autre entreprise. D'un autre côté, le fait même que la possession des *moyens de travail* permet au capitaliste-entrepreneur de produire une *plus-value*, ou, ce qui revient au même, de *s'approprier une certaine somme de travail impayé*, ce fait permet au possesseur des moyens de travail, qui les prête entièrement ou partiellement au capitaliste-entrepreneur, permet en un mot au capitaliste-prêteur d'argent, de réclamer sous le nom d'*intérêt* une autre part de cette plus-value, de sorte qu'il ne reste au capitaliste-entrepreneur, *en cette qualité*, que ce que l'on appelle le *profit industriel* ou *commercial*.

Ce partage de la totalité de la plus-value entre les

trois catégories d'individus est soumis à certaines lois,
que nous n'avons pas à formuler ici ; ce serait entièrement sortir de notre sujet. Voici toutefois ce qui résulte
de ce que nous venons d'établir.

Rente, Intérêt, Profit industriel, ce ne sont là que
des noms différents pour exprimer les différentes parties
de la *plus-value* de la marchandise, du *travail impayé
que celle-ci renferme*, et ces parties *provienennt toutes
également de cette même source et rien que de cette
source*. Elles ne proviennent pas de la *terre* ni du *capital*
pris en eux-mêmes. Seulement c'est la terre et le capital
qui permettent à ceux qui les possèdent de retirer chacun leur part de la *plus-value*, que le capitaliste-entrepreneur a, lui, extraite du travail de l'ouvrier. Pour
l'ouvrier lui-même, il est d'importance secondaire que
la plus-value, résultat de son sur-travail, de son travail
impayé, soit entièrement empochée par le patron, ou
bien que celui-ci soit obligé d'en verser, sous le nom de
rente et d'intérêt, des portions à des tiers. Supposez que
le patron ne fasse usage que de son propre capital et
qu'il soit son propre propriétaire, alors toute la plus-
value ira dans sa poche.

C'est le capitaliste-entrepreneur qui, directement, extrait du travail de l'ouvrier cette plus-value, quelque
fraction qu'il en puisse garder lui-même. Aussi est-ce
sur ce rapport eutre capitaliste-entrepreneur et ouvrier
salarié que tourne aujourd'hui tout le mécanisme du
salariat, toute l'organisation de la production. Quel-
ques-uns des citoyens qui ont pris part à notre dis-
cussion avaient donc tort d'essayer d'atténuer les choses

et de traiter ce rapport fondamental entre le capitaliste-
entrepreneur et l'ouvrier salarié comme une question
secondaire, quoiqu'ils eussent raison de soutenir que,
dans des circonstances données, une hausse des prix
pourrait influer à des degrés fort inégaux sur le capitaliste-entrepreneur, le propriétaire foncier, le capitaliste-prêteur, et, si vous le voulez bien, le percepteur.

Ce que nous avons dit entraîne encore une autre conséquence.

Cette portion de la valeur de la marchandise qui représente seulement la valeur des matières premières,
des machines, bref la valeur des moyens de production
consommés, *ne crée pas du tout de revenu*, elle ne fait
que *rembourser du capital*. Mais en dehors de cela,
l'autre portion de la valeur de la marchandise, *celle
qui crée du revenu*, celle qu'on peut dépenser sous
forme de salaires, de profit, de rente, d'intérêt, il est faux
qu'elle *se compose* de la valeur des salaires, de la rente, de
la valeur des profits, et ainsi de suite. En premier lieu
nous écarterons le salaire et ne toucherons qu'aux profits
industriels, à l'intérêt et à la rente. Nous venons de voir
que la *plus-value* contenue dans la marchandise, c'est-à-
dire cette partie de la valeur de celle-ci où se cristallise
le *travail impayé*, se décompose en différentes fractions.
Mais dire que c'est l'addition des valeurs de ces trois
parties constituantes qui compose ou forme la plus-value, ce serait exprimer juste le contraire de la vérité.

Si une heure de travail se réalise en une valeur de
six pence, que la journée de l'ouvrier comprenne douze
heures de travail et que la moitié de cette durée soit du

travail impayé, ce surtravail ajoutera à la marchandise trois schellings de plus-value, c'est-à-dire une valeur égale à trois schellings, pour laquelle il n'a pas été payé d'équivalent. Cette plus-value de trois schellings constitue le *fonds entier* que le capitaliste-entrepreneur peut partager, dans des proportions quelconques, avec le propriétaire foncier et le prêteur d'argent. La valeur de ces trois schellings constitue la limite de la valeur qu'ils ont à partager entre eux. Mais ce n'est pas le capitaliste-entrepreneur qui ajoute à la valeur de la marchandise une valeur arbitraire pour réaliser son profit, auquel une autre valeur serait ajoutée en faveur du propriétaire, et ainsi de suite, de telle sorte que l'addition de ces valeurs arbitrairement fixées constituerait la valeur totale. Vous voyez donc la fausseté de la notion populaire qui confond le fait de *décomposer* en trois parties une valeur donnée avec le fait de *former* cette valeur par l'addition de trois valeurs *indépendantes*, transformant ainsi en une grandeur arbitraire la valeur totale, de laquelle proviennent la rente, le profit et l'intérêt.

Si le total du profit réalisé par le capitaliste égale 100 livres sterling, nous appelons cette somme, envisagée comme grandeur *absolue*, la *quantité du profit*. Mais si nous calculons le rapport de proportion de ces 100 livres au capital déboursé, nous donnons à cette grandeur *relative* le nom de *taux du profit*. Il est évident que ce taux du profit peut être exprimé de deux manières.

Supposez que le *capital déboursé en salaires* soit de

100 livres. Si la plus-value créée est aussi de 100 livres, — et cela indiquerait que la moitié de la journée de travail de l'ouvrier se composait de travail *impayé*, — puis si nous estimons ce profit d'après la valeur du capital avancé en salaires, nous dirons que le taux s'élève à 100 0/0, parce que la valeur déboursée serait 100 et la valeur réalisée 200.

Si, de l'autre côté, nous n'envisagions pas seulement le *capital déboursé en salaires*, mais la *totalité du capital* déboursé, soit, par exemple, 500 livres sterling, dont 400 représenteraient la valeur des matières premières, les machines, etc., nous dirions que le *taux du profit* ne s'élevait qu'à 20 0/0, parce que le profit de 100 ne serait que le cinquième [de la *totalité* du capital déboursé.

Le premier mode d'expression est le seul qui vous montre le rapport réel entre le travail payé et le travail impayé, le degré réel d'*exploitation* (permettez-moi ce mot français) *du travail*. L'autre mode d'expression est celui dont on se sert communément, et il est, en effet, bien approprié à certains égards. En tous cas il est très commode pour cacher le degré atteint par le travail gratuit que le capitaliste tire de l'ouvrier.

Dans les remarques qu'il me reste à vous présenter j'emploierai le mot *Profit* pour désigner la masse entière de plus-value soutirée par le capitaliste, sans avoir égard au partage de cette plus-value entre différents bénéficiaires, et en employant l'expression de *Taux du profit*, j'estimerai toujours les profits d'après la valeur du capital déboursé en salaires.

XII

RAPPORT GÉNÉRAL DES PROFITS, DES SALAIRES, ET DES PRIX

De la valeur d'une marchandise déduisez la valeur
qui rembourse celle des matières premières et des autres moyens de production consommés, c'est-à-dire,
déduisez la valeur qui représente le travail *passé* contenu dans cette marchandise, et le reste de sa valeur
se résoudra dans la quantité de travail qu'a ajoutée le
dernier ouvrier employé. Si cet ouvrier travaille douze
heures par jour et que douze heures de travail moyen
se cristallisent en une quantité d'or égale à six schellings, cette valeur additionnelle de six schellings est la
seule valeur que son travail aura créée. Cette valeur donnée, que détermine la durée de son travail, est
le seul fonds d'où le capitaliste et lui doivent tirer leurs
parts, leurs dividendes respectifs, la seule valeur à
diviser en salaire et en profit. Il est clair que les pro-

portions variables suivant lesquelles elle peut se répartir entre les deux copartageants ne changeront pas cette valeur elle-même.

Il n'y aurait rien de changé non plus si, au lieu d'un seul ouvrier, vous mettez toute la population ouvrière, douze millions de journées de travail, par exemple, au lieu d'une seule.

Puisque le capitaliste et l'ouvrier ne font que partager cette valeur limitée, c'est-à-dire la valeur mesurée sur le travail total de l'ouvrier, plus l'un reçoit, moins l'autre recevra, et réciproquement : quand une quantité est donnée, à mesure qu'une de ses parties augmente, l'autre diminue d'autant. Si le salaire change, le profit changera dans un sens opposé. Si le salaire descend, le profit montera, et si le salaire monte, le profit descendra. Si l'ouvrier, selon notre première hypothèse, reçoit trois schellings, somme égale à la moitié de la valeur qu'il a créée, ou si sa journée entière se compose pour une moitié de travail payé, et pour l'autre moitié de travail impayé, le taux du profit sera de 100 pour cent, car, en ce cas, le capitaliste aussi recevrait trois schellings. Si l'ouvrier ne reçoit que deux schellings, c'est-à-dire s'il ne travaille pour lui-même qu'un tiers de la journée entière, le capitaliste aura quatre schellings et le taux du profit sera de 200 pour cent. Si l'ouvrier reçoit quatre schellings, le capitaliste n'en recevra que deux, et alors le taux du profit s'abaissera à 33 1/3 pour cent. Mais toutes ces variations seront sans influence sur la valeur de la marchandise. Une hausse générale du salaire aboutirait donc à une baisse du taux général du profit, mais elle n'influerait pas sur les valeurs. Mais bien que la valeur des marchandises, qui doit finalement régler leur prix-courant, soit exclusivement déterminée par la quantité totale de travail qu'elles contiennent et non pas par le partage de cette quantité en travail payé et travail impayé, il ne s'en suit aucunement que la valeur de marchandises isolées, ou de catégorie de marchandises produites dans une durée de douze heures, par exemple, reste constante. Le *nombre* ou la masse de marchandises produites en un temps de travail donné ou par une quantité donnée de travail, dépend de la *puissance productive* du travail employé, et non de son *étendue*, de sa longueur. Avec un certain degré de force productive du filage, par exemple, une journée de douze heures peut produire douze livres de filés, avec un degré moindre de force productive deux livres seulement. Si donc douze heures de travail moyen étaient incorporées dans la valeur de six schellings, en l'un des cas les douze livres de filés coûteraient six schellings, en l'autre les deux livres de filés coûteraient également six schellings. Une livre de filés, par conséquent, coûterait six pence dans un cas et trois schellings dans l'autre. La différence de prix serait le résultat de la différence dans les forces productives du travail employé. Une heure de travail serait contenue dans une livre de filés avec la plus grande force productive, tandis que, avec la plus petite, six heures de travail seraient contenues dans une livre de filés. Le prix d'une livre de filés ne serait, dans le premier cas, que de six pence,

quoique le salaire fût relativement élevé et que le taux
du profit fût bas ; il serait de trois schellings dans l'autre cas, quoique le salaire fût bas et le taux du profit
élevé. Il en serait ainsi parce que c'est la quantité totale de travail incorporée dans la livre de filés qui en
règle le prix, et non pas *la division proportionnelle de
cette quantité totale en travail payé et en travail impayé.*
Il peut arriver, ai-je dit il y a un instant, qu'un travail
de prix élevé produise des marchandises à bas prix et
réciproquement qu'un travail à bon marché produise
des marchandises chères. Ce fait n'a plus maintenant
son apparence paradoxale. Il n'est en effet que l'expression de la loi générale constatée ; à savoir que la valeur d'une marchandise se règle d'après la quantité de
travail qu'elle contient, mais que la quantité de travail
contenu dépend entièrement des forces productives du
travail employé, et que, par conséquent, toute variation dans la productivité du travail fera varier la valeur.

XIII

TENTATIVES POUR RELEVER LES SALAIRES OU POUR S'OPPOSER A LEUR BAISSE, CAS PRINCIPAUX

Maintenant étudions sérieusement les cas principaux dans lesquels on essaye de faire hausser les salaires ou de résister à leur diminution.

1. — Nous avons vu que la *valeur de la force de travail*, ou, en langue ordinaire, la *valeur du travail*, est déterminée par la valeur des choses nécessaires à la vie, c'est-à-dire par la quantité de travail qu'il faut pour les produire. Si donc, en un pays donné, la valeur des nécessités journalières de la vie de l'ouvrier représentait six heures de travail, exprimées dans trois schellings, l'ouvrier aurait à travailler six heures par jour pour produire l'équivalent de son entretien journalier. Si la journée entière était de douze heures, le capitaliste lui donnerait la valeur de son travail en le payant

trois schellings. La moitié de la journée serait du travail impayé et le taux du profit serait de 100 pour cent. Mais maintenant supposez que, à la suite d'une diminution de productivité, il faille plus de travail pour produire, par exemple, la même quantité de denrées agricoles, de telle sorte que le prix des choses de première nécessité s'élève, pour une journée, de trois schellings à quatre. En ce cas, la *valeur* du travail hausserait d'un tiers, ou de 33 1/3 pour cent. Il faudrait huit heures de la journée de travail pour produire l'équivalent de l'entretien journalier du travailleur, conformément à son ancien genre de vie. Le surtravail tomberait donc de six heures à quatre, et le taux du profit de 100 pour cent à 50. Mais en réclamant une augmentation de salaire le travailleur ne ferait que réclamer la *valeur augmentée de son travail*, comme tout autre vendeur de marchandise qui, le coût de production de ses articles ayant augmenté, essaye de se faire payer l'augmentation de valeur. Si le salaire ne haussait pas ou s'il ne haussait pas assez pour compenser l'augmentation de valeur des choses nécessaires à la vie, le *prix* du travail descendrait au-dessous de la *valeur du travail*, ce qui amènerait aussi, pour le travailleur, un abaissement de son genre de vie (1).

Mais il pourrait aussi survenir un changement en sens opposé. En vertu de l'accroissement de productivité

---

(1) De son *standard of life*. On verra plus loin, page 93 ce qu'il faut entendre par là. (Ch. L.).

du travail, la même quantité de denrées journellement
nécessaires pourrait descendre de trois schellings à
deux, c'est-à-dire que sur la journée entière de travail
il n'y aurait plus besoin que de quatre heures au lieu
de six pour reproduire l'équivalent de la valeur des nécessités journalières. L'ouvrier pourrait alors acheter
avec deux schellings autant d'objets de première nécessité qu'il en achetait auparavant avec trois. En fait la
valeur du travail aurait baissé, mais cette valeur diminuée achèterait la même quantité de marchandises
qu'auparavant. Alors les profits monteraient de trois
schellings à quatre et le taux du profit de 100 pour
cent à 200. Bien que absolument le genre de vie du travailleur fût resté le même, son *salaire relatif* et en même
temps sa *position sociale relat...*, comparée à celle du
capitaliste, auraient été abaissées. Si l'ouvrier résistait à
cette réduction du salaire relatif, il ne ferait qu'essayer
d'avoir part à l'augmentation de productivité de son
propre travail et de conserver son ancienne position relative dans l'échelle sociale. C'est ainsi que, après l'a-
bolition des lois sur les céréales, et en violation flagrante
des engagements les plus solennels, pris au cours de
l'agitation contre ces lois, les fabricants anglais dimi-
nuèrent généralement les salaires de dix pour cent. Les
ouvriers résistèrent et ils échouèrent d'abord ; puis, à la
suite de circonstances que je ne peux raconter en ce
moment, ils rattrapèrent les dix pour cent perdus.

2. — Il pourrait arriver que la *valeur* des choses nécessaires à la vie, et par conséquent la *valeur du travail*,
restassent les mêmes, mais qu'un changement survînt

dans leurs *prix en argent*, à la suite d'un changement antérieur dans la *valeur de l'argent*.

La découverte de mines plus abondantes, etc., pourrait faire, par exemple, que deux onces d'or ne coûtassent pas plus de travail pour les produire qu'une once n'en coûtait auparavant.La *valeur* de l'or serait alors dépréciée de moitié, ou de cinquante pour cent. Les *valeurs* de toutes les autres marchandises seraient alors exprimées en une somme double de leurs anciens *prix en argent* ; il en serait donc de même de la *valeur du travail*. Douze heures de travail précédemment exprimées en six schellings le seraient alors en douze. Si le salaire de l'ouvrier restait à trois schellings, au lieu de monter à six, le *prix en argent de son travail* n'égalerait que la *moitié de la valeur de son travail*, et son genre de vie serait horriblement empiré. C'est aussi ce qui arriverait à un degré plus ou moins grand si son salaire, tout en montant, ne s'élevait pas en proportion de la baisse survenue dans la valeur de l'or. En ce cas-là il n'y aurait rien eu de changé, ni dans la productivité du travail, ni dans l'offre et la demande, ni dans les diverses valeurs d'échange. Rien n'aurait pu changer, sauf les *appellations monétaires* de ces valeurs. Dire qu'en pareil cas l'ouvrier ne doit pas réclamer une augmentation proportionnelle de salaire, c'est dire qu'il doit consentir à se payer de noms au lieu de choses. Toute l'histoire du passé montre que chaque fois qu'il se produit une semblable dépréciation de l'argent, les capitalistes s'empressent de saisir l'occasion pour frustrer l'ouvrier. Une très nombreuse école d'économistes affirme que, à la suite des nouvelles découvertes de gisements aurifères, des perfectionnements opérés dans l'exploitation des mines d'argent, et de l'offre à meilleur marché du mercure, il s'est produit récemment une nouvelle dépréciation de la valeur des métaux précieux. Cela expliquerait que, d'une manière générale et simultanée, il y ait eu sur le continent des tentatives pour obtenir une augmentation des salaires.

3. — Jusqu'ici nous avons supposé que la *journée de travail* a des limites données. Elle n'a pourtant, par elle-même, aucune limite constante. C'est la tendance constante du capital de la prolonger le plus possible, parce que le surtravail, et, partant, le profit qui en découle, s'accroîtront en proportion de cette prolongation. Plus le capital réussit à prolonger la journée de travail, plus il s'approprie de travail d'autrui. Pendant tout le dix-septième siècle, et même pendant les deux premiers tiers du dix-huitième, la durée normale de la journée de travail fut de dix heures dans toute l'Angleterre. Pendant la guerre contre la Révolution française, qui fut en réalité la guerre des « Barons » de la Grande-Bretagne contre la masse des travailleurs britanniques, le Capital, célébrant ses bacchanales, prolongea la journée de travail de dix heures à douze, à quatorze, à dix-huit. Malthus, que vous ne soupçonnerez pas de sensiblerie, déclarait dans une brochure publiée en 1815 que, si cela continuait, la vie même de la nation en serait atteinte dans sa source. Quelques années avant la généralisation des nouvelles inventions mécaniques, vers 1765, il parut en Angleterre un écrit intitulé : *Es-*

sai sur le Commerce. L'auteur anonyme, ennemi déclaré de la classe ouvrière, se livre à toutes sortes de déclamations sur la nécessité d'étendre les limites de la journée de travail. Entre autres moyens d'arriver à ce but, il propose des *maisons de travail* (working houses), qui, dit-il, devront être des « maisons de terreur ». Et savez-vous quelle est la longueur de la journée de travail qu'il recommande pour ces maisons de terreur ? *Douze heures*, tout juste la durée que, en 1832, capitalistes, économistes, et ministres, déclaraient devoir être la durée de travail non seulement existante, mais nécessaire, pour un enfant au-dessous de douze ans.

En vendant sa force de travail, — et il ne peut faire autrement sous le régime actuel, — l'ouvrier transfère le droit qu'il a lui-même de la consommer au capitaliste, mais le droit de la consommer dans des limites raisonnables. Il vend sa force de travail pour la conserver, en dehors des causes naturelles d'usure et de détérioration, et non pour la détruire. Au moment où il vend cette force à sa valeur journalière ou hebdomadaire, il est entendu que, en un seul jour ou en une seule semaine, elle ne sera pas soumise à deux jours ou à deux semaines d'usure et de déperdition. Prenez une machine valant 1,000 livres sterling. Si elle s'use en dix ans, elle ajoutera à la valeur des marchandises qu'elle aide à produire 100 livres sterling par an. Si elle s'usait en cinq ans, elle y ajouterait 200 livres sterling par an, soit la valeur de son usure annuelle en raison inverse de la rapidité avec laquelle elle se consomme. Mais voici ce qui distingue l'ouvrier de la machine,

Celle-ci ne s'use pas exactement en proportion de l'emploi qu'on en fait. L'homme, au contraire, décline plus vite que ne le ferait croire la simple addition numérique de son travail.

Quand ils s'efforcent de ramener la journée de travail à ses anciennes limites rationnelles, ou bien — là où ils ne peuvent arracher au législateur la fixation d'une journée normale de travail, — quand, au travail prolongé, ils opposent, comme un frein, la hausse des salaires, hausse non seulement proportionnelle au supplément de temps exigé, mais même en dépassant la proportion, les ouvriers ne font que s'acquitter d'un devoir envers eux-mêmes et envers leur race. Ils ne font que mettre des bornes aux tyranniques usurpations du capital. Le temps est, pour l'homme, le champ de développement. Celui qui n'a aucun temps libre dont il puisse disposer, celui dont la vie entière, en dehors des interruptions purement physiques, des intervalles du sommeil, des repas, etc., est absorbée par le capitaliste, cet homme-là est moins qu'une bête de somme. Il est une simple machine à produire une richesse à laquelle il reste étranger, écrasé dans son corps, abruti dans son esprit. Et pourtant toute l'histoire de l'industrie moderne montre que le Capital, si on ne le refrène, travaille, sans remords et sans pitié, à abaisser toute la classe ouvrière à cet état d'extrême dégradation.

Il peut se faire qu'en prolongeant la journée de travail le capitaliste paye des *salaires plus élevés*, et que, pourtant il abaisse la *valeur du travail*, si l'élévation de salaires ne correspond pas à l'extraction d'une plus grande quantité de travail et à l'usure plus rapide, qui en résulterait, de la force de travail. Cela peut arriver encore d'une autre manière. Les statisticiens bourgeois vous diront, par exemple, que dans le comté de Lancaster le salaire moyen des ouvriers de fabrique et de leurs familles a augmenté. Ils oublient qu'au lieu du seul travail des hommes, le chef de la famille, sa femme et peut-être trois ou quatre de ses enfants sont aujourd'hui jetés sous les roues du Jaggernaut capitaliste, et que la hausse du salaire collectif ne correspond pas au surtravail collectif extrait à la famille.

Même avec des limites déterminées de la journée de travail, telles qu'elles existent aujourd'hui dans toutes les branches d'industrie soumises aux lois de fabriques, une élévation de salaires peut devenir nécessaire, ne fût-ce que pour maintenir la *valeur du travail* à son ancien niveau. En augmentant l'*intensité* du travail, on peut faire qu'un homme dépense autant de force vitale en une heure qu'il en dépensait précédemment en deux. C'est ce qui a été effectué, jusqu'à un certain point, dans les industries soumises aux lois de fabriques, par l'accroissement de la vitesse de la machinerie, et du nombre de machines fonctionnant sous la surveillance d'un seul individu. Si l'augmentation d'intensité dans le travail, si la somme de travail effectué en une heure reste à peu près proportionnelle à la diminution dans la longueur de la journée de travail, c'est encore l'ouvrier qui y gagnera. Mais si cette limite est dépassée, il perd sous une forme ce qu'il a gagné sous une autre, et dix heures de travail peuvent devenir alors aussi ruineuses pour sa force que douze l'étaient précédemment. Quand il contrecarre cette tendance du capital, en luttant pour obtenir une augmentation de salaire qui corresponde à l'augmentation d'intensité du travail, l'ouvrier ne fait que combattre l'avilissement du prix de son travail et l'affaiblissement de sa race.

4. — Vous savez tous que, pour des raisons qu'il serait inutile d'expliquer en ce moment, la production capitaliste traverse certains cycles périodiques. Elle passe par des états de calme, d'animation croissante, de prospérité, de surabondance, de crise et de stagnation. Les prix courants des marchandises et les taux courants du profit suivent les mêmes phases, tantôt descendant au-dessous de leurs moyennes, tantôt s'élevant au-dessus. En observant le cycle entier, vous vous apercevrez que les écarts du prix courant se compensent l'un par l'autre, et que, à prendre la moyenne du cycle, les prix courants des marchandises se règlent d'après leur valeur. Eh bien ! pendant les phases de dépression des prix courants et les phases de crise et de stagnation, l'ouvrier, s'il n'est pas jeté sur le pavé, est du moins certain de voir diminuer son salaire. Pour n'être pas dupé il devra, même en cas de baisse des prix courants, débattre avec le capitaliste la diminution de salaire pour s'assurer qu'elle est bien proportionnelle à la baisse générale des prix. Si, pendant les périodes de prospérité, alors que son industrie réalise un excédent de profits, il ne bataillait pas pour une augmentation de salaires, il ne recevrait, si l'on prend la moyenne d'un seul cycle industriel, pas même son *salaire moyen*, par conséquent

pas même la *valeur de son travail*. Exiger de lui que, son salaire subissant nécessairement l'influence des périodes défavorables, il s'exclue lui-même de son droit à une compensation pendant les périodes de prospérité, c'est le comble de la sottise. D'une manière générale, les *valeurs* de toutes les marchandises ne prennent corps que par la compensation réciproque des prix courants qui changent continuellement, à cause des continuelles fluctuations de l'offre et de la demande. Dans notre organisation économique, le travail n'est qu'une marchandise comme les autres. Il faut donc qu'il passe par les mêmes fluctuations que les autres marchandises, pour atteindre un prix moyen qui corresponde à sa valeur. Il serait absurde de le traiter, d'une part, comme marchandise, et de vouloir, d'autre part, l'affranchir des lois qui règlent les prix des marchandises. L'esclave reçoit une quantité fixe et permanente de subsistances ; le salarié, non. Celui-ci doit donc s'efforcer d'obtenir une augmentation de salaire dans un cas, rien que pour compenser une baisse de salaire dans l'autre. S'il se résignait à admettre, comme loi économique permanente, la volonté, les injonctions du capitaliste, il partagerait le sort misérable de l'esclave sans partager sa sécurité.

5. — Dans tous les cas que je viens d'examiner, c'est-à-dire quatre-vingt-dix-neuf fois sur cent, la lutte pour l'augmentation des salaires, vous le voyez, ne fait que suivre des variations antérieures, — dont elle est née et devait naître nécessairement, — dans la quantité de la production, dans les puissances productives du tra-

vail, dans la valeur du travail, dans l'étendue ou l'intensité du travail extrait, dans les fluctuations des prix courants, liées elles-mêmes aux fluctuations de la demande et de l'offre et conformes aux différentes phases du cycle industriel ; en un mot, elle est une simple réaction du travail contre l'action antérieure du capital. Traiter de la lutte pour une augmentation des salaires indépendamment de toutes ces circonstances, en n'envisageant que la variation du salaire, sans avoir égard à tous les autres changements dont elle découle, c'est partir d'une prémisse fausse pour arriver à de fausses conclusions.

XIV

LA LUTTE ENTRE LE CAPITAL ET LE TRAVAIL ET SES RÉSULTATS

1. — Après avoir montré que la résistance périodique des ouvriers à toute réduction des salaires et leurs efforts périodiques pour les faire augmenter sont inséparables du salariat et dictés par le fait même que le travail est assimilé aux marchandises, partant soumis aux lois qui règlent le mouvement général des prix ; après avoir, en outre, montré qu'une hausse générale des salaires aurait pour conséquence une baisse générale du taux du profit, mais qu'elle n'influerait en rien sur la moyenne du prix des marchandises, en rien sur leurs valeurs, maintenant il s'agit finalement de savoir jusqu'à quel point, dans cette lutte incessante entre le capital et le travail, celui-ci a chance de l'emporter.

Je pourrais répondre en généralisant, et dire que pour le travail, de même que pour toutes les autres marchandises, c'est son *prix-courant* qui, à la longue, s'ajustera à sa valeur ; que, par conséquent, en dépit des hauts et des bas, et bon gré mal gré, l'ouvrier ne recevra, en moyenne, que la valeur de son travail, qui se résout dans la valeur de sa force de travail, qui est déterminée par la valeur des subsistances nécessaires à sa conservation et à sa reproduction, laquelle valeur des subsistances se règle finalement d'après la quantité de travail exigée pour les produire.

Mais il y a quelques traits particuliers qui distinguent la *valeur de la force de travail*, la *valeur du travail*, des valeurs de toutes les autres marchandises. La valeur de la force de travail est formée de deux éléments, l'un purement physique, l'autre historique et social. Sa limite dernière est déterminée par l'élément *physique*, c'est-à-dire que pour se conserver et se reproduire, pour perpétuer son existence matérielle, la classe ouvrière doit recevoir les moyens de subsistance absolument indispensables pour vivre et se multiplier. La valeur de ces indispensables moyens de subsistance forme donc l'extrême et dernière limite de la *valeur du travail*. De l'autre côté, la longueur de la journée de travail a aussi des bornes extrêmes, encore que très élastiques. La limite dernière en est donnée par la vigueur physique du travailleur. Si l'épuisement quotidien de sa force vitale dépasse un certain degré, il ne pourra plus l'exercer de nouveau, jour par jour.

Toutefois, comme je l'ai dit, cette limite-là est très élastique.

Des générations débiles, d'une médiocre durée d'existence, si elles se succèdent rapidement, maintiendront le marché du travail aussi bien approvisionné que le ferait une série de générations vigoureuses et de grande longévité.

A côté de cet élément purement physiologique, il en est un autre qui, dans chaque pays, détermine aussi la valeur du travail, le *mode de vie traditionnel*. Ce n'est point la vie purement physique et matérielle ; c'est la satisfaction de certains besoins naissant des conditions sociales où les gens sont placés et ont été élevés. On peut réduire le genre de vie de l'Anglais au genre de vie de l'Irlandais, le genre de vie d'un paysan allemand à celui d'un paysan de Livonie. Le rôle important que jouent à cet égard la tradition historique et l'habitude sociale, l'ouvrage de M. Thornton sur l'*Excès de population* pourra vous l'apprendre. L'auteur y montre que la moyenne des salaires, dans différents districts agricoles de l'Angleterre, encore de nos jours, diffère plus ou moins selon que les circonstances étaient plus ou moins favorables à l'époque où ces populations sortirent du servage.

Cet élément historique ou social, entrant dans la valeur du travail, peut s'élargir ou se resserrer, ou entièrement s'évanouir, de telle sorte qu'il ne reste plus que la *limite physiologique*. Pendant l'époque de « la guerre contre la France jacobine » (*Antijacobin War*), entreprise, comme le vieux George Rose, incorrigible

budgétivore et sinécuriste, avait coutume de dire,
« pour mettre les consolations de notre sainte religion
à l'abri des attaques de ces mécréants de Français »,
les honnêtes fermiers anglais, si tendrement traités
dans une de nos précédentes séances, amenèrent une
dépression des salaires agricoles qui les fit tomber au-
dessous même de ce *minimum purement physique*,
mais, par voie de compensation, ils trouvèrent dans la
taxe des pauvres le reste de la somme nécessaire à la
conservation de la race. Magnifique manière de transformer le salarié en esclave et le fier *yeoman* de Shakes-
peare, le libre-tenancier, en un pauvre assisté !

En comparant les taux du salaire nécessaire, c'est-
à-dire de la valeur du travail dans les différents pays,
et en les comparant aussi à différentes époques historiques dans un même pays, vous trouverez que la *valeur du travail* elle-même est une grandeur non pas
fixe, mais bien variable, même si l'on suppose que les
valeurs de toutes les autres marchandises soient restées
constantes.

Une comparaison analogue prouverait que non seulement les taux courants du profit changent, mais que
la *moyenne* des taux du profit change aussi.

Mais pour les profits, il n'y a pas de loi qui en détermine le *minimum*. On ne peut dire quelle est la limite dernière de leur décroissement. Et pourquoi ne
peut-on fixer cette limite ? Parce que, bien que l'on
puisse fixer le *minimum* du salaire, on n'en peut fixer
le *maximum*. On peut seulement dire que les limites de
la journée de travail étant données, le *maximum de*

profit correspond au *minimum physiologique de salaire*, et que, le salaire étant donné, le *maximum de profit* correspond à cette prolongation de la journée de travail qui est encore compatible avec les forces physiques du travailleur. Le maximum du profit est donc limité par le minimum physiologique du salaire et le maximun physiologique de la journée de travail. Il est évident qu'entre les deux limites de ce *taux maximum du profit*, il y a place pour une échelle immense de variations possibles. Le degré réel ne se trouve établi que par la lutte continuelle entre le capital et le travail, le capitaliste tendant constamment à réduire le salaire au minimum physiologique, et à porter la journée de travail à son maximum physiologique, tandis que l'ouvrier presse constamment dans le sens opposé.

La question se résout donc en une question de puissance respective chez l'un et l'autre combattant.

2. — Quant à la *limitation de la journée de travail* en Angleterre, comme dans tous les autres pays, elle n'a jamais été établie que par l'*intervention du législateur*. Et sans la continuelle pression des ouvriers, agissant du dehors sur le dedans, de la rue sur le Parlement, cette intervention n'aurait jamais eu lieu. Mais en tous cas on ne pouvait atteindre le but par un accord entre les ouvriers et les capitalistes. Cette nécessité même d'une *action politique générale* prouve bien que, dans l'action purement économique, le capital était le plus fort.

Quant à l'établissement des limites de la *Valeur du travail*, il dépend toujours de l'offre et de la demande, j'entends de la demande de travail de la part du capital et de l'offre de travail faite par les ouvriers. Dans les contrées coloniales, la loi de l'offre et de la demande favorise l'ouvrier. De là l'élévation relative des salaires aux États-Unis. Dans les colonies, le capital a beau s'évertuer, il ne peut empêcher le marché du travail de se trouver continuellement dégarni par la continuelle transformation des salariés en paysans indépendants et se suffisant à eux-mêmes. La condition de salarié n'est, pour une grande partie de la population américaine, qu'un stage, une situation provisoire qu'elle est sûre de quitter dans un laps de temps plus ou moins rapproché. Pour corriger cet état de choses trop colonial, le gouvernement anglais, paternellement, adopta et appliqua pendant un certain temps ce que l'on appelle la théorie moderne de la colonisation, qui consiste à mettre artificiellement à un prix élevé le sol colonial, dans le but d'empêcher que le salarié ne se transforme trop vite en cultivateur indépendant.

Mais arrivons aux pays de vieille civilisation, où le capital dirige en maître toute la marche de la production. Prenez, par exemple, la hausse des salaires agricoles qui se produisit en Angleterre de 1849 à 1859. Quelle en fut la conséquence ? Les fermiers ne purent, comme notre ami Weston le leur aurait conseillé, hausser la valeur ni même les prix courants des grains ; ils durent, au contraire, en accepter la baisse. Seulement, pendant cet espace de onze années, ils introduisirent dans la pratique agricole des machines de toute espèce, adoptèrent des méthodes plus scientifiques, convertirent en prairies une partie des terres arables, augmentèrent l'étendue des fermes et, du même coup, l'échelle de la production ; à l'aide de ces procédés et d'autres encore, ayant diminué la demande du travail en augmentant sa productivité, ils occasionnèrent de nouveau une surabondance relative de la population agricole. Telle est la méthode générale qui sert à produire une réaction, lente ou rapide, du capital contre une hausse des salaires dans les pays anciens et stables. Ricardo a observé très justement que la machine est en concurrence perpétuelle avec le travail, et que souvent on ne peut l'introduire dans une industrie avant que le prix eu travail y ait atteint un certain niveau ; mais l'emploi des machines n'est qu'une des nombreuses méthodes d'accroître la puissance de production du travail. Ce même développement, qui cause la surabondance relative du travail ordinaire, d'un autre côté ramène au travail simple le travail qualifié, et ainsi il le déprécie.

La même loi se manifeste encore sous une autre forme. A mesure que se développent les puissances productives du travail, l'accumulation du capital s'accélère, même malgré un taux de salaire relativement élevé. De là on pourrait conclure, comme le faisait Adam Smith, à une époque où l'industrie moderne était encore dans l'enfance, que, étant plus rapide, l'accumulation du capital doit faire pencher la balance en faveur de l'ouvrier, assuré d'une demande de travail toujours croissante. En se plaçant au même point de vue, beaucoup d'écrivains de nos jours se sont étonnés

que, le capital s'étant développé en Angleterre, dans ces
vingt dernières années, infiniment plus vite que la population, les salaires ne se soient pas élevés plus qu'ils
ne l'ont fait. Mais en même temps que progresse l'accumulation, il *s'opère un changement progressif dans la
composition du capital.* Cette portion de l'ensemble
du capital, qui consiste en capital fixe ou constant, —
machines, matières premières, moyens de production
sous toutes les formes possibles, — augmente d'après
une progression croissante en comparaison de l'autre
portion du capital, qui est employée aux salaires, à
l'achat du travail. Cette loi a été formulée, d'une manière plus ou moins exacte, par Barton, Ricardo, Sis-
mondi, le professeur Richard Jones, le professeur
Ramsey, Cherbuliez et plusieurs autres.

Si la proportion de ces deux éléments du capital
était, à l'origine, de un contre un, elle deviendra, à
mesure que progressera l'industrie, de cinq contre un,
et ainsi de suite. Si un capital total de 600, il y en a
300 d'employés en instruments, matières premières,
etc., et seulement 300 en salaires, il n'y aura qu'à doubler le même capital pour créer une demande de 600
ouvriers au lieu de 300. Mais si, sur un capital de 600,
il y a 500 d'employés en machines, matières premières,
etc., et seulement 100 en salaires, il faudra que le
même capital soit porté de 600 à 3.600 pour créer une
demande de 600 ouvriers au lieu de 300. Dans le progrès de l'industrie, la demande de travail ne marche
donc point du même pas que l'accumulation du capital.
Elle augmente encore, mais elle augmente dans une pro-

portion constamment décroissante comparativement à
l'augmentation du capital.

Ces quelques indications suffiront à montrer que le
développement même de l'industrie moderne doit pro
gressivement faire pencher la balance en faveur du
capitaliste contre l'ouvrier, et que, par conséquent, la
tendance générale de la production capitaliste est non
d'élever mais bien d'abaisser l'étalon moyen des salaires, c'est-à-dire de pousser la valeur du travail plus ou
moins à sa *limite minima*. Telle étant la tendance des
choses sous ce régime, est-ce à dire que la classe ouvrière doive renoncer à sa résistance contre les empiètements du capital, abandonner les tentatives par lesquelles elle s'efforce de tirer parti des chances d'amé-
lioration passagère qui se présentent.

S'ils agissaient ainsi, les travailleurs se dégrade-
raient, tomberaient au plus bas niveau pour ne plus
former qu'une masse uniforme, écrasée, de malheureux, que rien ne pourrait arracher à sa misère. Je
crois avoir montré que leurs luttes pour obtenir un salaire normal sont les incidents inséparables du régime
du salariat dans son ensemble, que, dans quatre-vingt-
dix-neuf cas sur cent, leurs efforts pour relever les salaires ne sont que des efforts pour maintenir la valeur
donnée du travail, et que la nécessité de discuter leur
prix avec le capitaliste est inhérente à leur condition qui
les oblige à se vendre comme marchandises. En cédant
pied lâchement dans leur conflit de tous les jours avec
le capital, ils perdraient certainement le droit d'entre-
prendre aucun mouvement plus étendu et plus général.

D'autre part, et tout à fait en dehors de la servitude générale qu'implique le salariat, la classe ouvrière ne doit pas s'exagérer le résultat final de ces luttes de tous les jours. Les travailleurs ne doivent pas oublier qu'ils combattent les effets, mais non les causes ; qu'ils retardent le mouvement descendant, mais qu'ils n'en changent pas la direction ; qu'ils appliquent des palliatifs et ne guérissent pas la maladie. Ils ne doivent donc pas se laisser absorber exclusivement par ces inévitables escarmouches qui font naître sans cesse les continuels empiètements du capital ou les variations du marché. Ils doivent comprendre que le régime actuel, avec toutes les misères qu'il leur impose, engendre en même temps les *conditions matérielles* et les *formes sociales* nécessaires pour reconstruire la société sur d'autres bases économiques. Au lieu de la devise conservatrice : « *Un salaire normal pour une journée normale de travail !* » ils doivent inscrire sur leur bannière le mot d'ordre *révolutionnaire* : « *Abolition du salariat !* »

Après cette très longue et, je le crains bien, très ennuyeuse exposition, où il me fallait entrer pour ne pas rester trop au-dessous de mon sujet, je vous proposerai pour conclure d'adopter les résolutions suivantes :

Premièrement : une hausse générale du taux des salaire aurait pour résultat une baisse dans le taux général du profit, mais elle n'influerait pas sur les prix des marchandises.

Deuxièmement : la tendance générale de la production capitaliste n'est point d'élever, mais bien d'abaisser la moyenne du salaire normal.

Troisièmement : les syndicats ouvriers (Trade-Unions) agissent utilement comme centre de résistance aux empiètements du capital. Leur défaut partiel c'est de faire un usage peu judicieux de la force qu'ils possèdent. Leur défaut général est de se borner à une guerre d'escarmouches contre les effets du régime existant, au lieu d'essayer en même temps de le changer, au lieu de se servir de leurs forces organisées comme d'un levier pour affranchir définitivement la classe ouvrière, c'est-à-dire pour abolir le salariat.

CHEMINS DE FER DE L'ÉTAT

PLAGES & ILES DE L'OCÉAN
VENDÉE & TOURAINE

De NANTES aux SABLES-D'OLONNE

Trains rapides périodiques du 11 au 27 Juillet et journaliers (dimanches et fêtes exceptés) à partir de fin Juillet.

Voitures directes de toutes classes. Durée du trajet : 1 h. 40.

(Départ de Nantes, vers 17 h. 40 ; des Sables-d'Olonne, vers 7 h. 20.)

ILES DE NOIRMOUTIER ET D'YEU

Billets délivrés du 1er Juillet au 30 Septembre, valables 15 jours, avec faculté de prolongation de 2 fois 15 jours, moyennant un supplément de 10%.

Deux itinéraires :

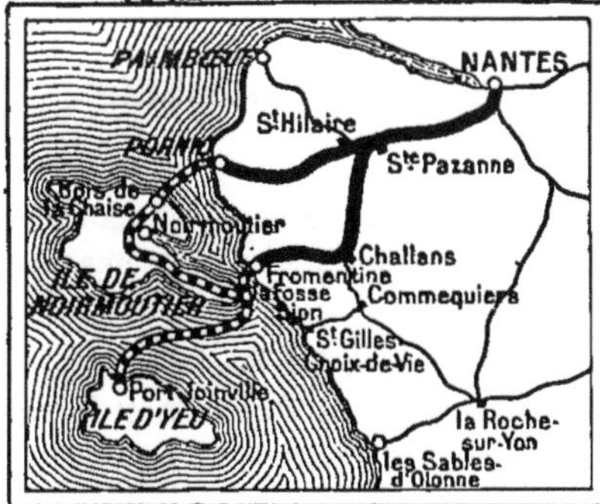

PRIX DES BILLETS	PRIX DES BILLETS
1re cl., **12 fr.**; 2e cl., **10 fr.**; 3e cl., **7 fr. 50**	1re cl., **20 fr.**; 2e cl., **16 fr.**; 3e cl., **12 fr.**

Billets complémentaires pour la visite de l'Ile d'Yeu.

Ces billets sont délivrés à Fromentine, sur la présentation du billet d'excursion pour l'Ile de Noirmoutier, aux prix réduits ci-après :

1re classe, **3 fr. 50** — 2e classe, **2 fr. 50**

Billets spéciaux de parcours complémentaires pour rejoindre ou quitter les itinéraires indiqués ci-dessus, délivrés par toutes les gares des lignes du Sud-Ouest, comportant une réduction de 40% sur les prix des billets simples.

ROUEN, CAEN, CHERBOURG
SAINT-MALO, RENNES, BORDEAUX
LYON et le CENTRE
aux PLAGES de L'OCÉAN

ROUEN, CAEN à BORDEAUX

Trains rapides périodiques desservant Le Mans, Angers, Thouars, Saintes, et donnant la correspondance sur les principales stations balnéaires.

Voitures de toutes classes.
Durée du trajet de Rouen à Bordeaux : 12 heures.

CHERBOURG, SAINT-MALO, RENNES et NANTES à BORDEAUX

Trains rapides périodiques desservant La Roche-sur-Yon, La Rochelle, Rochefort et Saintes et donnant la correspondance sur les principales stations balnéaires.

Voitures directes de toutes classes — Wagon-Restaurant.
Durée du trajet : de Cherbourg : 15 heures ; de Nantes : 5 heures.

LYON, VICHY et le CENTRE à LA ROCHELLE et à ROYAN

Trains rapides journaliers. — Ces trains desservent : Angoulême, Cognac, Saintes, Rochefort et ont des correspondances directes avec les principales stations thermales du Centre.

Voitures directes de 1re et 2e classes de Lyon à La Rochelle.
Voitures directes de toutes classes de Limoges à La Rochelle et Royan.
Durée du trajet entre les points extrêmes : 14 heures.

PÉRIGUEUX, BERGERAC, COUTRAS, LIBOURNE à ROYAN

Trains rapides périodiques. — Voitures directes de toutes classes. —
Durée du trajet de Coutras et Libourne à Royan : 2 h. 30.

Château d'Apremont (Vendée)

SAISON D'ÉTÉ 1914

DE la Loire à la Gironde, le Réseau de l'État dessert, par ses **Lignes du Sud-Ouest,** une vaste étendue de côtes parsemées de plages admirables, de ports intéressants et d'îles pittoresques.

En arrière de ce front s'étendent des régions charmantes, comme le Bocage Vendéen, la Vallée du Thouet, etc.

Enfin, la Touraine, l'Anjou, le Poitou se parent d'une incomparable floraison de châteaux et d'églises où s'affirme la maîtrise artistique des siècles passés.

Les Chemins de fer de l'État facilitent la visite de ces contrées en mettant en marche de nombreux trains rapides et express et en délivrant des billets spéciaux à prix très réduits, dont on trouvera ci-après la nomenclature sommaire.

Pour tous renseignements complémentaires :

= Consulter le **Guide illustré des Lignes du Sud-Ouest,** en vente dans toutes les bibliothèques des gares du Réseau ou adressé franco, contre 0 fr. 30 en timbres-poste, envoyés au Secrétariat des Chemins de fer de l'État (Publicité), 20, rue de Rome, Paris ;

= Ou s'adresser au **Bureau du Tourisme** de la gare Saint-Lazare, qui fournit gratuitement et sans délai des renseignements détaillés sur : établissement d'itinéraires, villégiatures, hôtels, ressources locales, etc., etc., et en général sur toutes questions intéressant le tourisme.

LA ROCHELLE — Vue générale

Voyage circulaire au Littoral de l'Océan

Billets individuels et de famille valables 33 jours (non compris le jour de la délivrance), délivrés du jeudi précédant la fête des Rameaux au 31 octobre.

Faculté de prolongation de 2 fois 20 jours, moyennant un supplément de 10 %

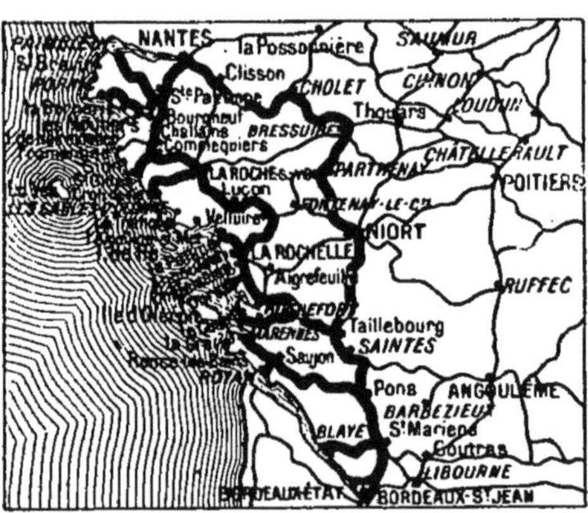

Billets individuels

Prix :

1re cl **60 fr.**

2e cl. **45 fr.**

3e cl **30 fr.**

Billets de Famille

Prix ci-contre réduits de 10 % pour une famille de 3 personnes. jusqu'à 25 % pour un nombre de 6 personnes ou plus.

Billets spéciaux individuels et collectifs de parcours complémentaires pour rejoindre ou quitter l'itinéraire, délivrés par toutes les gares du réseau de l'État (Lignes du Sud-Ouest), comportant les réductions ci-après :

Billets individuels. — 40 % sur les prix des billets simples ;

Billets collectifs. — 10 % (pour 3 personnes) 15 % (pour 4 personnes), 20 % (pour 5 personnes) et 25 % (pour 6 personnes et plus) sur les prix des billets individuels de parcours complémentaires

Enfants. — Les enfants de 3 à 7 ans paient moitié des prix ci-dessus.

ROYAN. — La Plage.

De BORDEAUX à ROYAN

Trains rapides tous les jours (Dimanches et Fêtes et 13 Juillet exceptés).
Voitures de toutes classes. — Durée du trajet : 2 heures.
(Départ de Bordeaux, vers 17 heures ; de Royan, vers 7 heures.)

ILES DE RÉ, D'AIX ET D'OLÉRON

Billets d'excursions délivrés du jeudi précédant la fête des Rameaux au 31 Octobre, valables 15 jours, avec faculté de prolongation de 2 fois 15 jours, moyennant un supplément de 10 °/₀ pour chaque prolongation.

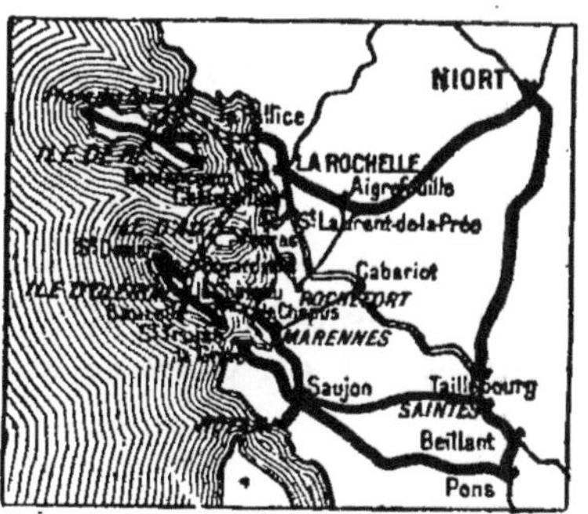

Prix des Billets :

1ʳᵉ classe, **25 fr.**

2ᵉ classe, **20 fr.**

3ᵉ classe, **15 fr.**

Les enfants de 3 à 7 ans paient la moitié des prix indiqués ci-contre.

Billets spéciaux de parcours complémentaires pour rejoindre ou quitter l'itinéraire indiqué ci-dessus, délivrés par toutes les gares des lignes du Sud-Ouest, comportant une réduction de 40 °/₀ sur les prix des billets simples.

SAISON D'ÉTÉ 1914

De PARIS-MONTPARNASSE
aux PLAGES de l'OCÉAN

Trains rapides (toutes classes) à nombre de places limitées.

De **Paris à Royan.** Trajet en 7 heures.

De **Paris à La Rochelle et Rochefort** (Train journalier), **Châtelaillon et Fouras** (Train périodique). Trajet en 6 heures 1/2 environ.

De **Paris aux Sables-d'Olonne.** Trajet en 7 heures.

En outre, **Trains express** (toutes classes) de jour et de nuit.

De **Paris** aux destinations ci-dessous :

De **Paris à La Tremblade** (Ronce-les-Bains), **Marennes, Le Chapus, Angoulins-sur-Mer, Saint-Gilles-Croix-de-Vie** (Sion), **Luçon** (La Tranche et l'Aiguillon-sur-Mer).

Voitures directes (toutes classes) et Wagon-Restaurant aux trains rapides,
Wagon-Restaurant aux trains express de jour,
Canapés-Lits, Lits-Toilette ou Couchettes aux trains express de nuit.

CARTES D'EXCURSION EN VENDÉE
Valables 15 jours

délivrées du Jeudi précédant la Fête des Rameaux au 31 Octobre par les gares situées sur l'itinéraire et comportant la libre circulation sur les lignes ci-après :

RÉSEAU DE L'ÉTAT. — De La Roche-sur-Yon à Fontenay-le-Comte (par Velluire et par Vouvant-Cezais), aux Sables-d'Olonne, à Saint-Gilles-Croix-de-Vie, à Machecoul (par Challans) et à Torfou-Tiffauges (par Clisson).

TRAMWAYS DE LA VENDÉE. — De La Roche-sur-Yon aux Herbiers et à Legé, de Chantonnay à L'Aiguillon-Port et à Montaigu-Vendée et des Sables-d'Olonne à Champ-Saint-Père.

PRIX : 1re cl., **34** fr., 2e cl., **28** fr., 3e cl., **18** fr.

PORNIC
Le Château et le Port.

NANTES (ANGERS et PARIS)
à PORNIC
LES MOUTIERS, LA BERNERIE

Trains rapides journaliers de Nantes à Pornic. — Voitures à couloir (toutes classes). — Durée du trajet : 1 heure.

(Départ de Pornic, vers 7 h. 20; de Nantes, vers 17 h. 20.)

En outre, **trains rapides** périodiques (trajet en 1 heure) en correspondance à Nantes avec les express d'Angers et de Paris.

EXCURSION EN TOURAINE

Billets délivrés toute l'année

Valables 15 jours avec faculté de prolongation de 2 fois 15 jours moyennant un supplément de 10 % pour chaque prolongation.

Prix des Billets

1re classe **26 fr.**
2e classe **20 fr.**
3e classe **13 fr.**

Les enfants de 3 à 7 ans paient la moitié de ces prix.

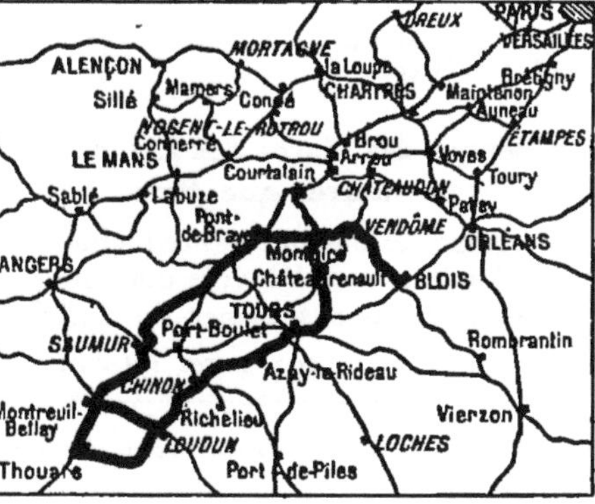

Toutes les gares du réseau de l'État (Lignes du Sud-Ouest) délivrent des billets de parcours complémentaires, comportant une réduction de 40 % sur les prix des billets simples, pour rejoindre ou quitter l'itinéraire.

Billets de Bains de Mer

Valables 33 jours

Délivrés du Jeudi précédant la Fête des Rameaux au 31 Octobre
Faculté de prolongation de 2 fois 30 jours
moyennant supplément de 10 % par période.

1° Au départ de Paris

DE PARIS (Montparnasse, Invalides, Saint-Lazare, Quai d'Orsay. Pont-Saint-Michel ou Austerlitz) (Par toute voie État via Chartres et Saumur ou via Chartres et Chinon ou par Tours-transit) aux gares ci-après et retour	PRIX ALLER ET RETOUR					
	Section I sans faculté d'arrêt aux gares intermédiaires			Section II § 1. Faculté d'arrêt entre Chartres ou Tours et la station balnéaire		
	1re cl.	2e cl.	3e cl.	1re cl.	2e cl.	3e cl.
	fr. c.	fr. c.	fr. c.	fr. c.	fr. c.	fr. c.
ROYAN	68 40	49 85	35 50	77 40	58 25	10 55
LA TREMBLADE (Ronces-les-Bains)	70 »	51 10	36 40	79 »	59 70	41 60
LE CHAPUS	67 20	49 10	35 »	77 05	58 20	40 »
LE CHATEAU-QUAI (Ile d'Oléron)	68 70	50 60	36 20	78 55	59 70	41 20
MARENNES	66 25	48 35	34 50	76 10	57 50	39 45
FOURAS	63 90	46 50	33 20	73 75	55 75	37 90
CHATELAILLON	62 35	46 10	32 40	71 95	55 25	37 05
ANGOULINS-SUR-MER	61 80	45 70	32 15	71 35	54 75	36 70
LA ROCHELLE-VILLE	61 10	45 10	31 80	70 50	54 20	36 30
LA ROCHELLE-PALLICE	61 95	45 75	32 20	71 50	54 95	36 80
SABLANCEAUX (Ile de Ré)	63 45	47 25	33 60	73 »	56 45	38 20
L'AIGUILLON-PORT { via Chantonnay-transit	59 40	45 60	31 75	67 60	54 50	35 75
L'AIGUILLON-PORT { via Luçon-transit	61 35	45 95	32 25	70 40	55 95	36 65
LA TRANCHE { via Chantonnay-transit	61 90	48 10	34 25	70 10	57 »	38 25
LA TRANCHE { via Luçon-transit	63 85	48 45	34 75	72 90	58 45	39 15
LES SABLES-D'OLONNE	62 60	46 30	32 55	72 25	56 95	37 20
SAINT-HILAIRE DE-RIEZ (Sion)	64 30	46 10	32 40	74 20	56 70	37 05
SAINT-GILLES-CROIX-DE-VIE (Sion)	64 55	46 55	32 70	74 50	57 30	37 35

DE PARIS (Montparnasse, Invalides ou Saint-Lazare) Par Segré et Nantes-État-tr. ou Angers-St-Laud-tr. et Nantes-Orl.-tr. aux gares ci-après et retour				§ 2. Faculté d'arrêt entre Ste-Pazanne (incl.) et la station balnéaire		
CHALLANS (Iles de Noirmoutier, d'Yeu, Saint-Jean-de-Monts)	63 35	44 65	31 35	71 35	50 65	35 35
BOURGNEUF-EN-RETZ	58 50	42 90	30 10	66 50	48 90	34 10
FROMENTINE (Ile de Noirmoutier, Ile d'Yeu)	66 80	48 10	33 95	74 80	54 10	37 95
LES MOUTIERS	58 50	43 30	30 40	66 50	49 30	34 40
LA BERNERIE	58 50	43 55	30 60	66 50	49 55	34 60
PORNIC (Ile de Noirmoutier) (°°°)	58 80	44 30	31 15	66 80	50 30	35 15
SAINT-PÈRE-EN-RETZ (Saint-Brévin-l'Océan)	58 50	43 30	30 65	66 50	49 30	34 65
PAIMBŒUF (Saint-Brévin-l'Océan)	59 05	43 30	30 80	67 05	49 30	34 80

2° Au départ des Gares des Lignes du Sud-Ouest autres que Paris

Ces billets, qui comportent les mêmes réductions de prix que les billets d'aller et retour ordinaires, sont délivrés pour les destinations indiquées ci-dessus par toutes les gares des Lignes du Sud-Ouest (Paris excepté).

(Faculté d'arrêt aux gares intermédiaires.)

Enfants. -- Les enfants de 3 à 7 ans paient moitié des prix fixés aux §§ 1 et 2.

Cartes et Billets divers

BILLETS DE BAINS DE MER
à validité réduite, sans faculté de prolongation

a) — **Billets de toutes classes, valables pendant 5 jours, du vendredi de chaque semaine au mardi suivant, ou de l'avant-veille au surlendemain d'un jour férié.**

Leurs prix sont ceux des billets simples augmentés d'un dixième, avec minimum de perception, par place, de **12 fr.** en 1re classe, **9 fr.** en 2e classe, et **5 fr.** en 3e classe.

Les enfants de 3 à 7 ans paient moitié des prix indiqués ci-dessus.

b) — **Billets de 2e et de 3e classes, délivrés par toutes les gares du réseau de l'État situées au sud de la Loire, valables un jour seulement :** le dimanche ou un jour férié.

Leurs prix sont les deux tiers de ceux des billets de bains de mer de 33 jours, avec minimum de perception, par place, de **4 fr.** en 2e classe et de **2 fr. 50** en 3e classe.

Il n'est fait aucune réduction pour les enfants de 3 à 7 ans.

BILLETS D'ALLER ET RETOUR DE FAMILLE
pour les Vacances

BILLETS D'ALLER ET RETOUR COLLECTIFS délivrés du Jeudi précédant la Fête des Rameaux au 30 Septembre, aux Familles d'au moins trois personnes payant place entière et voyageant ensemble, de ou pour toutes les gares des Lignes du Sud-Ouest. Minimum de parcours 60 kilomètres (120 kilomètres aller et retour), porté à 125 kilomètres (250 kilomètres aller et retour) pour les billets délivrés DE OU POUR PARIS.

PRIX. — Les deux premières personnes paient place entière (tarif ordinaire) ; la troisième demi-place ; chacune des suivantes quart de place.

VALIDITÉ. — La durée de validité de ces billets est fixée comme suit :

a) **Billets délivrés du Jeudi précédant la Fête des Rameaux au 14 Juin : 33 jours, avec prolongation facultative.**

b) **Billets délivrés du 15 Juin au 30 Septembre : uniformément jusqu'au 5 novembre, sans faculté de prolongation.**

Cartes d'identité délivrées sous certaines conditions aux personnes bénéficiant du billet collectif.

CARTES D'EXCURSION

Délivrées du Jeudi précédant la Fête des Rameaux au 31 Octobre, valables pendant 15 jours, savoir :

Cartes A. — **Sur l'ensemble du réseau de l'État (Lignes du Sud-Ouest) :**
Prix : 1re classe, **135 fr.** — 2e classe, **100 fr.** — 3e classe, **75 fr.**

Cartes B. — **Sur toutes les lignes au sud de la Loire** (y compris les gares de Nantes, La Possonnière, Angers, Saumur et Port-Boulet).
Prix : 1re classe, **100 fr.** — 2e classe, **75 fr.** — 3e classe, **50 fr.**

Les demandes de cartes d'excursion peuvent être adressées aux Chefs de toutes les gares du Réseau de l'État (Lignes du Sud-Ouest), ou au Chef du Contrôle de ce Réseau (rue de Châteaudun, n° 42, à Paris).